escale à
san diego

Deuxième ville de la Californie
après Los Angeles

Superficie: 964 km²

Population: 1,3 million

Bâtiment le plus haut: One America Plaza
(152 m)

Fuseau horaire: UTC −8

ULYSSE

Crédits

Recherche et rédaction: Eve Boissonnault,
Annie Gilbert
Éditeur: Pierre Ledoux
Adjointe à l'édition: Julie Brodeur
**Recherche et rédaction antérieures, extraits
des guides Ulysse** *San Diego* **et** *Sud-Ouest
américain*: Caroline Béliveau, Jean-Luc Brébant,
Rodolphe Lasnes, Yves Séguin

Correction: Pierre Daveluy
Conception graphique: Pascal Biet
Conception graphique de la page couverture:
Philippe Thomas
Mise en page et cartographie: Judy Tan
Photographie de la page couverture:
SeaWorld © Alamy.com/Robert Harding Picture Library
Ltd

Cet ouvrage a été réalisé sous la direction de Claude Morneau.

Remerciements

Merci à Sarah Weinberg-Scalo de la San Diego Tourism Authority et à Rob Schupp du San Diego Metropolitan Transit System pour leur aide.

Guides de voyage Ulysse reconnaît l'aide financière du gouvernement du Canada par l'entremise du Fonds du livre du Canada (FLC) pour ses activités d'édition.

Guides de voyage Ulysse tient également à remercier le gouvernement du Québec – Programme de crédit d'impôt pour l'édition de livres – Gestion SODEC.

Guides de voyage Ulysse est membre de l'Association nationale des éditeurs de livres.

Note aux lecteurs

Tous les moyens possibles ont été pris pour que les renseignements contenus dans ce guide soient exacts au moment de mettre sous presse. Toutefois, des erreurs peuvent toujours se glisser, des omissions sont toujours possibles, des adresses peuvent disparaître, etc.; la responsabilité de l'éditeur ou des auteurs ne pourrait s'engager en cas de perte ou de dommage qui serait causé par une erreur ou une omission.

Écrivez-nous

Nous apprécions au plus haut point vos commentaires, précisions et suggestions, qui permettent l'amélioration constante de nos publications. Il nous fera plaisir d'offrir un de nos guides aux auteurs des meilleures contributions. Écrivez-nous à l'une des adresses suivantes, et indiquez le titre qu'il vous plairait de recevoir.

Guides de voyage Ulysse
4176, rue Saint-Denis, Montréal (Québec), Canada H2W 2M5, www.guidesulysse.com, texte@ulysse.ca

Les Guides de voyage Ulysse, sarl
127, rue Amelot, 75011 Paris, France, www.guidesulysse.com, voyage@ulysse.ca

Catalogage avant publication de Bibliothèque et Archives nationales du Québec et Bibliothèque et Archives Canada

Vedette principale au titre:
    Escale à San Diego
    Comprend un index.
    ISBN 978-2-89464-482-9
    1. San Diego (Calif.) - Guides.
    F869.S22E82 2014   917.94'9850454   C2013-942682-5

© Guides de voyage Ulysse inc.
Tous droits réservés
Bibliothèque et Archives nationales du Québec
Dépôt légal – Quatrième trimestre 2014
ISBN 978-2-89464-482-9 (version imprimée)
ISBN 978-2-76580-967-8 (version numérique PDF)
ISBN 978-2-76580-958-6 (version numérique ePub)
Imprimé en Italie

sommaire

↘

le meilleur de san diego 7

explorer san diego 27

san diego pratique 119

Berceau de la Californie, San Diego était destinée à faire sa place au soleil. Deuxième plus importante agglomération de l'État de la Californie, San Diego compte aujourd'hui 1,3 million d'habitants, ce qui en fait la huitième ville en importance des États-Unis. Sécuritaire, moins chère et moins polluée que Los Angeles, elle offre le modernisme d'une ville prospère, dans un décor ensoleillé de plages de rêve.

Au premier abord, vous pourriez penser qu'on n'y trouve que de simples parcs d'attractions destinés essentiellement aux familles (le San Diego Zoo et son Safari Park, Legoland, SeaWorld). Ne vous laissez pas tromper. Il est vrai que ces parcs thématiques ont grandement contribué à la réputation de la ville auprès des touristes, mais San Diego c'est beaucoup plus encore.

On y trouve une quantité étonnante de musées, surtout concentrés dans le Balboa Park. Dans les quartiers d'Old Town et de Gaslamp, vous pourrez aussi profiter de plusieurs sites historiques, témoins du riche passé de la ville. De superbes parcs et plages complètent le tableau, notamment la magnifique plage centrale de Coronado Island, considérée comme l'une des plus belles au pays. En fait, San Diego offre un amalgame intéressant de lieux culturels, d'installations récréatives et d'activités familiales parmi lesquels jeunes et moins jeunes trouveront aisément leur compte.

le meilleur de
san diego

san diego

En 10 images emblématiques

1 L'Hotel del Coronado (p. 54)

2 Le San Diego-Coronado Bridge (p. 50)

3 La baie de San Diego

4 La mission de San Diego de Alcalá (p. 72)

5 Le quartier de Gaslamp (p. 31)

6 Le San Diego Zoo (p. 88)

7 Le Cabrillo National Monument (p. 91)

9 Le USS Midway Museum (p. 39)

10 Les surfeurs de Mission Beach et Pacific Beach (p. 97)

8 La California Tower (p. 78)

En quelques heures

↘ Une excursion sur l'île de Coronado (p. 50)

Pour visiter le spectaculaire Hotel del Coronado et la Coronado Central Beach, considérée comme l'une des plus belles plages de tous les États-Unis.

↘ Une balade à bord d'un trolleybus d'Old Town Trolley Tour (p. 63)

Pour découvrir la riche histoire et les attraits majeurs de la ville, notamment dans les secteurs d'Old Town et du Balboa Park.

↘ Une croisière en bateau (p. 145)

Pour voir défiler sous ses yeux la ligne d'horizon de la baie de San Diego, l'île de Coronado et la fameuse base navale américaine.

En une journée

Ce qui précède plus…

↘ La visite du San Diego Zoo (p. 88)

Pour admirer quelque 4 000 animaux dans l'un des plus grands zoos au monde.

↘ Une soirée dans le quartier de Gaslamp (p. 31)

   Les week-ends sont animés dans ce secteur doté de pubs et de restaurants branchés.

En un long week-end

Ce qui précède plus…

↘ Une journée à SeaWorld (p. 97)

   Pour voir les enfants s'émerveiller devant les orques, les dauphins et les requins.

↘ Un saut à Legoland (p. 113)

   Pour les enfants, petits et grands, qui redécouvrent en format géant leur jouet préféré, figure de proue d'un parc thématique animé.

↘ La visite du Museum of Photographic Arts (p. 79)

   Pour découvrir la grande histoire de la photographie et du cinéma dans la magnifique Casa de Balboa, située au cœur du Balboa Park.

↘ La visite du Maritime Museum de San Diego et du USS Midway Museum (p. 38-39)

   Pour vivre la grande tradition maritime de la région de San Diego.

En **10** repères

1 Base navale

C'est avec la construction des Pacific Naval Headquarters dans les années 1940 que San Diego prit réellement son essor. Il s'agissait à l'époque de la plus grande base militaire navale du monde. Après la fin de la guerre froide toutefois, le Pentagone diminua de manière importante ses activités militaires dans la région, ce qui força San Diego à réorienter son économie.

2 Comic-Con

Créé en 1970, le Comic-Con International : San Diego est un congrès annuel où se réunissent les créateurs et les amateurs de *comics*, ces bandes dessinées qui mettent en vedette super-héros et autres icônes de la culture pop. Au fil des ans, ce rendez-vous a élargi sa couverture en incluant notamment des séries télévisées, films et jeux vidéo. Avec ses quelque 130 000 visiteurs, il s'agit du plus important événement du genre en Amérique du Nord.

3 Golf

Le golf occupe une place de choix dans la région de San Diego, comme en témoignent le nombre impressionnant de terrains (plus de 80) et de commerces spécialisés qu'on y trouve. Certains des terrains de la région offrent une vue surprenante sur l'océan Pacifique. D'autres nichent au milieu de montagnes ou de vallées verdoyantes, ou même

au cœur du désert. La plupart sont bien entretenus, et le climat de la région ne fait qu'ajouter au plaisir.

4 Héritage mexicain

Lorsque le Mexique obtint son indépendance en 1821, San Diego, comme le reste de la Californie, devint territoire mexicain. Pendant les premières années mexicaines, qui durèrent jusqu'en 1848, San Diego devint même la capitale non officielle de la Baja California et de l'Alta California. L'Old Town San Diego State Historic Park recrée d'ailleurs la vie telle qu'elle se déroulait à cette époque. Cet héritage mexicain, entretenu par la venue d'autres immigrants du Mexique voisin, est aujourd'hui encore très présent à San Diego, qui abrite une importante communauté hispanophone.

5 Alonzo Horton

C'est au magnat de l'immobilier Alonzo Erastus Horton (1813-1909) que l'on doit la naissance de la ville moderne de San Diego. D'abord venu en Californie à titre de chercheur d'or, il fit l'acquisition en 1867 d'un vaste territoire au sud d'Old Town, en bordure de la baie. Il revendit le tout en parcelles pour la construction résidentielle et commerciale et vit rapidement son capital investi se multiplier quand le gouvernement municipal de San Diego déménagea le centre administratif de la ville dans ce secteur. Le développement du centre-ville moderne suivit.

En 10 repères *(suite)*

6 Charles Lindbergh

La North Island Naval Air Station, base aéronavale de la Marine américaine installée dans l'île de Coronado, est considérée par plusieurs comme le lieu de naissance de l'aviation américaine. C'est de son aérodrome que Charles Lindbergh s'envola à bord du *Spirit of St. Louis*, le 9 mai 1927, pour se rendre à New York, d'où il entreprit son historique traversée de l'Atlantique en solo.

7 Mission

La colonisation de la Côte Ouest américaine par les Espagnols débuta en 1769 avec l'arrivée de 50 soldats et missionnaires et la fondation de la première mission californienne, baptisée San Diego de Alcalá, sur une pointe élevée surplombant ce qu'on appelle aujourd'hui Old Town. Elle fut la première d'un chapelet de 21 missions construites par les Espagnols le long du Camino Real (chemin royal), que suit grosso modo le tracé de l'actuelle route 101 entre San Diego et San Francisco.

8 Panama-California Exposition

En 1915-1916, San Diego organisa la Panama-California Exposition, soulignant l'ouverture du canal de Panamá. Puis, 20 ans plus tard, se tint également à San Diego la California Pacific International Exposition (1935-1936). Ces deux événements firent connaître la ville partout aux États-Unis et contribuèrent au développement du

Balboa Park, principal parc de la ville. Ainsi, une quinzaine d'institutions muséales occupent aujourd'hui les bâtiments d'inspiration coloniale espagnole qui ont été construits pour la Panama-California Exposition.

9 Plages

San Diego et ses environs comptent près de 30 plages. Durant l'été, elles sont envahies à la fois par les visiteurs et les résidents. Pendant l'hiver, ce sont les surfeurs, vêtus de leur *wetsuit*, ainsi que les marcheurs et coureurs, qui les fréquentent. Parmi elles, mentionnons la Coronado Central Beach, située le long d'Ocean Boulevard dans Coronado Island, qui figure parmi les plus jolies de tout le pays avec sa large bande de sable. Dans le nord de la ville, Pacific Beach et **Mission Beach** sont aussi très appréciées.

10 San Diego Zoo

Presque centenaire (il a été fondé en 1916), le San Diego Zoo attire au-delà de 3 millions de visiteurs chaque année. En plus de constituer la plus grande attraction touristique de la ville, ce célèbre jardin zoologique jouit d'un rayonnement international de premier plan grâce à son expertise en matière de reproduction en captivité, de protection des espèces menacées et d'aménagement d'habitats. Ses chercheurs mènent d'ailleurs des projets scientifiques dans pas moins de 35 pays.

En **15** dates importantes

1. **Il y a 12 000 ans**: les Kumeyaays, des Amérindiens également connus sous le nom de Diegueños, s'établissent sur le site actuel de San Diego.

2. **1542**: l'explorateur portugais Juan Rodríguez Cabrillo part du Mexique et atteint l'actuelle baie de San Diego; il nomme l'endroit San Miguel et le déclare possession de l'Espagne.

3. **1602**: la Couronne espagnole envoie Sebastián Vizcaíno pour explorer de nouveau la côte californienne; se basant sur la carte dessinée par Cabrillo, Vizcaíno jette l'ancre dans les mêmes eaux (autour de Point Loma) et rebaptise l'endroit San Diego de Alcalá, du nom d'un saint espagnol catholique.

4. **1769**: le gouverneur des deux Californies (Haute et Basse), Gaspar de Portolá, et le père Junípero Serra arrivent à San Diego avec un petit groupe; Serra fonde la première des 21 missions de la côte californienne, San Diego de Alcalá, sur le Cerro del Presidio, où se trouve un poste militaire; la mission sera relocalisée quelques années plus tard.

5. **1821**: le Mexique obtient son indépendance, et San Diego, comme le reste de la Californie, devient territoire mexicain.

6. **1846**: les États-Unis déclarent la guerre au Mexique.

En **10** expériences uniques

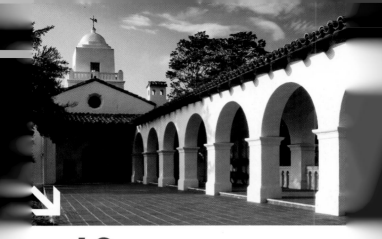

En 10 grands musées

En 10 icônes architecturales

En **5** beaux parcs

En **5** belles plages

En 10 endroits
pour faire plaisir aux enfants

En 5 vues exceptionnelles

1 Depuis le bar Top of the Hyatt (p. 47)

2 De la terrasse du bar ALTITUDE Sky Lounge (p. 45)

3 Depuis la plateforme supérieure du **USS Midway Museum** (p. 39)

4 À bord d'un bateau de croisière sur la baie de San Diego (p. 145)

5 Depuis le restaurant Island Prime (p. 45)

En 5 tables créatives

1 **Addison** (p. 116)

2 A.R. Valentien (p. 110)

3 George's at the Cove (p. 110)

4 Nobu San Diego (p. 44)

5 Island Prime (p. 45)

En 5 belles terrasses

1 ALTITUDE Sky Lounge (p. 45)
2 Stingaree (p. 46)
3 **Andaz San Diego** (p. 126)

4 George's at the Cove (p. 110)
5 Hotel Palomar San Diego (p. 127)

En 5 établissements avec vue sur la mer

1 **Island Prime** (p. 45)
2 Sheerwater (p. 59)
3 Top of the Market (p. 42)

4 Top of the Hyatt (p. 47)
5 George's at the Cove (p. 110)

En **5** incontournables du lèche-vitrine

En **5** hauts lieux de la vie nocturne

En 5 expériences pour les amateurs de sport

explorer
san diego

1 ↘

Le centre-ville, le Gaslamp et le port

À voir, à faire

(voir carte p. 33)

Le centre-ville ★

En 1867, l'homme d'affaires Alonzo Horton a une vision : construire un nouveau noyau urbain pour remplacer celui d'Old Town. Il acheta donc une terre inoccupée en face de la baie de San Diego pour 13 cents l'hectare. Ce qui deviendra le futur centre-ville ne cessa par la suite de se développer. Bien que ce ne soit pas là que l'histoire de la ville a commencé, il s'agit bien de l'endroit où elle se poursuit. Ce circuit vous permettra de découvrir le cœur de San Diego.

Le circuit débute au Manchester Grand Hyatt, à l'angle de Kettner Boulevard et de Market Place.

Manchester Grand Hyatt [1]
One Market Place, 619-232-1234,
www.manchestergrand.hyatt.com

Le **Manchester Grand Hyatt** (voir aussi p. 125) figure parmi les édifices les plus connus et les plus élevés de San Diego avec ses 40 étages. Idéalement situé juste sur le bord de la baie, il s'agit d'un des hôtels les plus prestigieux de la ville. Prenez le temps d'y entrer pour admirer son éblouissant hall de style moderne avec une touche victorienne. Mais le principal intérêt de l'endroit est son bar juché au tout dernier étage, le **Top of the Hyatt** ★★ (voir aussi p. 47), qui offre une des meilleures vues sur la ville.

Sortez de l'hôtel du côté de la baie, prenez le chemin longeant le bord

Le Manchester Grand Hyatt vu depuis l'Embarcadero Marina Park.

de l'eau vers la gauche et arrêtez-vous à l'Embarcado Marina Park.

Embarcadero Marina Park [2]

Vous pourrez admirer de nombreux yachts luxueux à l'Embarcadero Marina Park. La marina, qui appartient au San Diego Marriott Marquis & Marina (voir ci-dessous), compte pas moins de 446 pontons. Remarquez la **promenade** ★★ au bord de l'eau. Longue d'un peu moins d'un demi-kilomètre, cette agréable allée relie le San Diego Convention Center, la marina, le Manchester Grand Hyatt et le Seaport Village, et mène jusqu'au port (voir p. 37) en longeant la rive.

De la marina, dirigez-vous vers l'hôtel derrière vous. Pénétrez à l'intérieur pour en admirer la décoration

et ressortez à l'avant sur l'entrée qui donne sur Harbor Drive.

San Diego Marriott Marquis & Marina [3]

333 W. Harbor Dr., 619-234-1500 ou 800-228-9290, www.marriott.com

Le **San Diego Marriott Marquis & Marina** (voir p. 125) est un imposant hôtel comportant deux tours angulaires de 25 étages de forme originale. En les regardant de face, sur Harbor Drive, on perçoit bien quelle illusion l'architecte a voulu produire : deux bateaux qui rentrent au port.

San Diego Convention Center ★ [4]

111 W. Harbor Dr., 619-525-5000, www.visitsandiego.com

Évoquant un grand paquebot de croisière, le San Diego Convention Center est l'un des centres

Le climat paradisiaque de San Diego

On dit que San Diego a l'un des plus beaux climats aux États-Unis. Que la température est toujours confortable près de la côte et jamais trop chaude ni trop froide. Qu'il n'y pleut pas souvent. Que le taux d'humidité est bas. Qu'il y a du soleil en abondance… En effet, la ville de San Diego, située entre le désert et l'océan Pacifique, jouit d'un climat paradisiaque.

Doux, sec et ensoleillé, le climat méditerranéen de San Diego est très agréable et rarement étouffant. La chaleur estivale et le froid hivernal sont atténués par les vents marins venus du Pacifique. Malgré tout, on peut se faire surprendre par Dame Nature : même si le ciel est bleu et que le soleil rayonne à 15 minutes de la côte, il est possible qu'à la plage il y ait de la brume (surtout en mai et juin), du vent et une certaine fraîcheur.

de congrès les plus modernes au monde. Son toit, composé de « voiles blanches », en fait une construction unique. L'intérieur comme l'extérieur sont remarquables. C'est ici qu'a lieu chaque année, au mois de juillet, le très populaire **Comic-Con International: San Diego** (voir p. 148), qui attire les amateurs de bandes dessinées, de science-fiction et de films d'aventure, ainsi que son lot d'acteurs de cinéma.

Empruntez J Street, tournez dans Third Avenue et rendez-vous à K Street. Continuez tout droit dans K Street jusqu'à l'angle de 20th Street.

East Village ★

Juste à l'est du Gaslamp, l'ancien quartier peu fréquentable d'East Village s'est transformé en un lieu branché, notamment autour de l'impressionnant **Petco Park** (voir p. 144). Inauguré en 2004, c'est le stade où jouent les San Diego Padres, l'équipe professionnelle de baseball de la ville. Les anciens immeubles délabrés des alentours ont fait place à des hôtels-bou-

Gaslamp.

tiques, à des ateliers d'artistes, à des boutiques de designers et à des restaurants tendance.

Villa Montezuma ★ [5]

on ne visite pas; 1925 K St., angle 20th St.,
www.villamontezuma.org

La Villa Montezuma a été construite en 1887 pour l'auteur et musicien Jesse Shepard. Il s'agit d'une splendide maison victorienne. Shepard y vécut avec son compagnon durant seulement deux ans, car il mourut d'une façon énigmatique à Los Angeles en 1927. Malheureusement, il n'est plus possible de la visiter.

Revenez sur vos pas jusqu'à Fifth Avenue et remontez vers le nord jusqu'à l'entrée du quartier de Gaslamp. Remarquez l'affiche au-dessus de votre tête : Gaslamp Quarter Historic Heart of San Diego.

Gaslamp ★★

Le quartier de Gaslamp *(entre Broadway au nord et Harbor Dr. au sud, et entre Third Ave. et Sixth Ave.,* www.gaslamp.org*),* baptisé ainsi en raison des réverbères à gaz qui bordent les rues encore aujourd'hui, est sans aucun doute le secteur le plus en vue de San Diego.

Cette zone historique s'est développée autour des années 1870, et nombre de ses bâtiments laissés à l'abandon ont été restaurés pour loger des commerces. D'ailleurs, il s'agit de l'endroit le plus fréquenté et le plus animé de toute la ville. Les nombreux restaurants et bars à la mode, les salles de spectacle, les galeries d'art et les commerces branchés ne manqueront pas de vous séduire.

Le centre-ville, le Gaslamp et le port

Le centre-ville, le Gaslamp et le port

Le centre-ville, le Gaslamp et le port

À voir, à faire ★

Le centre-ville

1.	BY	Manchester Grand Hyatt/Top of the Hyatt
2.	CZ	Embarcadero Marina Park/Promenade
3.	CZ	San Diego Marriott Marquis & Marina
4.	CZ	San Diego Convention Center
5.	EZ	Villa Montezuma

Gaslamp

6.	CY	Horton Grand Hotel
7.	CY	Gaslamp Museum at the William Heath Davis Historic House
8.	CY	New Children's Museum
9.	CY	San Diego Chinese Historical Museum
10.	CX	Broadway
11.	CX	San Diego Courthouse
12.	CY	Westfield Horton Plaza
13.	BX	The Westin San Diego
14.	BX	MCASD Downtown
15.	BX	San Diego Fire House Museum

Le port de San Diego

16.	AX	Maritime Museum/*Star of India/Berkeley/Medea/*HMS *Surprise/Californian/B-39*
17.	AX	Broadway Pier
18.	AY	USS Midway Museum/USS *Midway*
19.	BY	Seaport Village

Cafés et restos ●

20.	BX	Antony's Fish Groto/Antony's Fishette
21.	DY	Blue Point Coastal Cuisine
22.	BY	Brickyard Coffee & Tea
23.	BX	Bruegger's Bagels
24.	CY	Cafe 222
25.	DY	Cafe Chloe
26.	CX	Currant American Brasserie
27.	CY	Hob Nob Hill
28.	BX	Island Prime
29.	BY	Lael's Restaurant
30.	DZ	McCormick & Schmick's Seafood Restaurant
31.	DZ	Nobu San Diego
32.	BZ	Sally's Seafood on the Water
33.	CY	Sammy's California Woodfired Pizza
34.	BY	San Diego Pier Cafe
35.	DY	Searsucker
36.	DY	Taka Restaurant
37.	CY	The Field
38.	BY	The Fish Market/Top of the Market

Bars et boîtes de nuit ♪

39.	DZ	ALTITUDE Sky Lounge
40.	CZ	Dick's Last Resort
41.	CY	Fluxx
42.	DY	Noble Experiment
43.	DZ	Sevilla Nightclub
44.	DY	Stingaree
45.	CY	The Hopping Pig Gastropub
46.	DY	The Marble Room
47.	CY	The Shout! House
48.	CY	The Tipsy Crow/The Underground/The Main/The Nest
49.	BY	Top of the Hyatt

Salles de spectacle ◆

50.	CY	Balboa Theatre
51.	CX	San Diego Opera

 Suite de la liste p. 34

Le centre-ville, le Gaslamp et le port *(suite)*

Lèche-vitrine ■

52.	CZ	Chuck Jones Gallery	57.	BY	Kite Flite
53.	BZ	Crazy Shirts	58.	BZ	Seaport Village
54.	DY	Dolcetti Boutique	59.	BZ	The Soap Opera
55.	DY	Ghirardelli Chocolate	60.	BY	Village Hat Shop
56.	DY	HatWorks	61.	CY	Westfield Horton Plaza

Hébergement ▲

62.	BX	500 West Hotel	67.	BY	Manchester Grand Hyatt
63.	DY	Andaz San Diego	68.	DZ	Omni San Diego Hotel
64.	DX	Best Western Plus Cabrillo Garden Inn	69.	CZ	San Diego Marriott Marquis & Marina
65.	CY	Horton Grand Hotel	70.	BX	The Westin San Diego
66.	DX	Hotel Palomar San Diego	71.	BX	W San Diego

Remontez Fifth Avenue et tournez à gauche dans Island Avenue. Remarquez sur votre gauche, à l'angle de Fourth Avenue, le bel hôtel.

Horton Grand Hotel [6]
311 Island Ave., 619-544-1886, www.hortongrand.com

Le Horton Grand Hotel est en fait deux hôtels en un : le Horton Grand Hotel et le Brooklyn-Kahle Saddlery Hotel. Les deux bâtiments furent érigés côte à côte, comme une même entité. Le Horton Grand Hotel a été construit par un immigrant allemand en 1886. C'était un élégant édifice inspiré de l'Innsbruck Inn, à Vienne, en Autriche. Le Brooklyn-Kahle Saddlery Hotel, quant à lui, présente une architecture plus modeste avec un mélange de style victorien et Far West. Il a également été construit dans les années 1880 et s'appelait originellement le Brooklyn Hotel.

Gaslamp Museum at the William Heath Davis Historic House ★ [7]
5$; mar-sam 10h à 17h, dim 12h à 16h; 410 Island Ave., 619-233-4692, www.gaslampquarter.org

La plus ancienne maison du quartier de Gaslamp est la William Heath Davis Historic House, qui fut transportée depuis la Côte Est américaine en passant par le cap Horn pour être assemblée à San Diego en 1850. Transformée en musée, chaque pièce recréant l'atmosphère d'une des époques traversées par cette demeure en bois, elle raconte à elle seule l'histoire de cette ville et de ses pionniers.

Poursuivez vers l'ouest jusqu'au New Children's Museum.

Horton Grand Hotel.

New Children's Museum ★ [8]

adultes et enfants 10$, stationnement 10$; lun, mer et jeu-sam 10h à 16h, dim 12h à 16h, fermé mar; 200 West Island Ave., 619-233-8792, www.thinkplaycreate.org

Le New Children's Museum est un musée d'art contemporain pour les enfants et les familles. Ses expositions temporaires sont à la fois ludiques et éducatives, comme en témoigne l'exposition *Feast*, avec ses œuvres qui proposent de réfléchir aux relations entre l'homme et la nourriture qu'il consomme. L'Arts Education Center complète l'approche artistique avec de véritables ateliers pour les enfants. Bref, ce musée a tout pour réveiller l'artiste qui sommeille en chacun de nous, petits et grands.

Revenez sur vos pas jusqu'à Third Avenue, que vous prendrez à droite.

San Diego Chinese Historical Museum ★ [9]

2$; mar-sam 10h30 à 16h, dim 12h à 16h; 404 Third Ave., 619-338-9888, www.sdchm.org

Le San Diego Chinese Historical Museum présente une jolie petite exposition de divers objets liés à l'histoire et à l'héritage de la communauté chinoise américaine. Derrière le musée se trouve un petit jardin chinois où vous verrez une statue de Confucius.

Empruntez J Street à gauche, puis remontez Fifth Avenue jusqu'à Broadway, que vous prendrez à gauche.

Broadway ★ [10]

La rue Broadway est le cœur du quartier des affaires de San Diego. Plusieurs sociétés importantes ainsi que les principales institutions

Le port de San Diego.

bancaires y ont leur siège social. On y trouve également la **San Diego Courthouse** [11].

Continuez sur Broadway, puis tournez à gauche dans Broadway Circle.

Westfield Horton Plaza ★ [12]
lun-ven 10h à 21h, sam 10h à 20h, dim 11h à 18h; 324 Horton Plaza, 619-239-8180, www.westfield.com/hortonplaza

La Westfield Horton Plaza, un centre commercial en plein air construit en 1985 au cœur du centre-ville, arbore une architecture éclectique. Les concepteurs ont su amalgamer différents styles architecturaux de San Diego à une construction moderne et pratique. Ce mégacentre commercial compte sept étages et couvre près de six pâtés de maisons. On y dénombre une centaine de boutiques et restaurants.

Revenez vers Broadway, prenez à gauche et marchez jusqu'à l'angle de Columbia Street.

The Westin San Diego [13]
400 W. Broadway, 619-239-4500 ou 888-627-9033, voir p. 127

Le principal intérêt du Westin San Diego réside dans son architecture originale. Ce qui fait sa particularité, ce sont ses tours hexagonales qui évoquent les tuyaux d'un grand orgue, couronnés de néons verts. Le bâtiment est devenu, au même titre que le Hyatt et le Marriott Hotel, un symbole architectural de la ville.

MCASD Downtown ★ [14]
10$, entrée libre le 3e jeudi du mois dès 17h; jeu-mar 11h à 17h, 3e jeudi du mois jusqu'à 19h; 1001 et 1100 Kettner Blvd., 858-454-3541, www.mcasd.org

Un coin de rue plus loin, le MCASD Downtown est une annexe du

Museum of Contemporary Art San Diego (voir p. 103), dont le bâtiment principal est situé à La Jolla. Il présente dans un environnement lumineux une collection fort intéressante d'œuvres contemporaines d'artistes californiens. On y découvre aussi une petite boutique sympathique qui offre un bon choix de livres sur l'art contemporain.

Remontez Columbia Street jusqu'à l'angle de Cedar Street.

San Diego Fire House Museum [15]

3$; jeu-ven 10h à 14h, sam-dim 10h à 16h;
1572 Columbia St., 619-232-3473,
www.sandiegofirehousemuseum.com

Ce petit musée sympathique est installé dans une ancienne caserne de pompiers construite en 1915. On y expose plusieurs camions de pompiers de différentes époques, en plus d'une multitude d'objets liés à l'histoire des pompiers de la ville de San Diego. Il y a des panneaux explicatifs pour nous guider dans la visite.

Prenez Pacific Highway à gauche, puis tournez à droite dans West Ash Street, qui vous mènera au port de San Diego.

Le port de San Diego ★★

San Diego est avant tout une ville portuaire. Situé le long de Harbor Drive, directement sur la baie de San Diego, le port, qui fut et est toujours le cœur de l'économie de la ville, est devenu depuis quelques années un centre touristique important. Musées, restaurants et boutiques s'y côtoient pour le plus grand plaisir des visiteurs. On

peut aussi s'embarquer ici pour une excursion en bateau.

Tournez à droite dans North Harbor Drive.

Maritime Museum ★ ★ ★ [16]
adultes 16$, enfants 8$; tlj 9h à 20h, jusqu'à 21h en été; 1492 N. Harbor Dr., 619-234-9153, www.sdmaritime.com

Le Maritime Museum, un musée des plus intéressants, se compose de plusieurs navires que l'on peut visiter. Les visiteurs peuvent entre autres y explorer le *Star of India* (1863), le plus ancien bateau à voiles encore en activité au monde; le *Berkeley* (1898), qui abrite une exposition portant sur divers sujets liés à la riche histoire maritime de San Diego; le *Medea* (1904), un ancien bateau de plaisance converti en navire de guerre qui a servi durant les deux guerres mondiales;

et le **HMS *Surprise***, une magnifique réplique d'une frégate de la marine britannique du XVIIIe siècle. Le *Californian* (1984), quant à lui, embarque des aspirants moussaillons pour des croisières allant d'une demi-journée *(48$)* à plusieurs jours. Enfin, un sous-marin soviétique, le *B-39*, un des plus gros au monde, complète la collection du musée.

Longez le bord de l'eau en vous dirigeant vers la droite en sortant du musée.

Broadway Pier [17]
990 N. Harbor Dr.

Au sud du Maritime Museum, vous croiserez le Broadway Pier, le lieu d'accostage de plusieurs paquebots de croisière ainsi que le quai d'embarquement du **Coronado Ferry**

1. Maritime Museum.
2. USS Midway Museum.

(voir p. 51), le traversier qui permet de se rendre à Coronado Island.

USS Midway Museum ★★★ [18]

adultes 20$, enfants 10$; tlj 10h à 17h; 910 N. Harbor Dr., 619-544-9600, www.midway.org

La visite des quais ne pourrait être complète sans l'exploration du fameux **USS *Midway***, le légendaire porte-avions américain qui s'illustra dans la bataille du Pacifique durant la Seconde Guerre mondiale. Le USS Midway Museum propose de partir à la découverte de ce navire légendaire, du hangar à la salle des machines, en passant par la cafétéria des marins, la laverie et la prison de bord, sans oublier la confortable cabine du capitaine, le poste de commandement et le spectaculaire pont d'envol. Comptez au moins 3h pour cette visite qui nécessite un certain dynamisme pour monter et descendre les escaliers abrupts.

Continuez encore vers le sud, mais en empruntant cette fois la promenade du bord de l'eau.

Seaport Village ★ [19]

tlj 10h à 21h; 849 W. Harbor Dr., 619-235-4014, www.seaportvillage.com

Plutôt touristique et pas très authentique, le Seaport Village est un lieu néanmoins agréable. Ce complexe commercial situé sur le bord de la baie, à côté du **Manchester Grand Hyatt** (voir p. 28), regroupe boutiques, restaurants et centres de divertissement. On y retrouve des bâtiments inspirés dans leur style architectural par les petites maisons de pêche, et qui abritent divers commerces. À ne pas manquer aussi: le magnifique carrousel datant du début du XIXe siècle.

Cafés et restos
(voir carte p. 33)

Antony's Fishette $ [20]
1360 N. Harbor Dr., 619-232-0368,
www.gofishanthonys.com

Version simplifiée du restaurant **Antony's Fish Groto** (voir p. 42), Antony's Fishette est un comptoir où l'on sert une bonne variété de fruits de mer et de poissons version cuisine rapide. Le plaisir de s'installer sur la terrasse, d'observer les passants, les bateaux, les mouettes (un peu voraces) et parfois même les phoques, en prenant le temps de se dorer au soleil et de respirer l'air marin, n'a pas de prix.

Brickyard Coffee & Tea $ [22]
tlj petit déjeuner et déjeuner; 675 W. G St., angle Kettner Blvd., 619-696-7220

Situé au centre-ville mais un peu en retrait, Brickyard Coffee & Tea, avec ses allures de petit resto de quartier, est le genre d'établissement où l'on se sent tout de suite comme chez soi. Le menu de *bagels*, sandwichs, salades et quiches est tout simple, mais si vous avez envie de relaxer, lire ou écrire, on vous recommande chaudement cet endroit.

Bruegger's Bagels $ [23]
655 W. Broadway, 619-696-9390,
www.brueggers.com

Même s'il s'agit d'une chaîne de restaurants, cet établissement offre un concept intéressant qui permet de prendre un bon repas rapide et peu coûteux. Vous l'aurez deviné, les *bagels* frais du jour sont la spécialité de la maison. On y en propose une douzaine de variétés, par exemple aux canneberges, aux piments jalapenos, aux tomates séchées ou aux pépites de chocolat, qu'on peut garnir d'un vaste choix de fromages à la crème. Le décor, plutôt fade, incite à emporter son repas pour le manger dans un parc.

Cafe 222 $ [24]
tlj petit déjeuner et déjeuner; 222 Island Ave., 619-236-9902, www.cafe222.com

Situé un peu à l'écart du quartier de Gaslamp, ce charmant petit restauran a su insuffler une atmosphère agréable au voisinage. La petite terrasse donnant sur le trottoir et les effluves de bon café sont en grande partie responsables de sa popularité. La carte offre un choix de plats originaux et délicieux, qui vont des omelettes aux gaufres en passant par les paninis et les petits déjeuners pantagruéliques. Excellent rapport qualité/prix.

Hob Nob Hill $-$$ [27]
2271 First Ave., 619-239-8176,
www.hobnobhill.com

Ouvert en 1944, Hob Nob Hill est un classique à San Diego. On y vient depuis des générations pour s'y offrir une cuisine américaine traditionnelle, que ce soit pour le petit déjeuner (attention, il y a un monde fou la fin de semaine), le déjeuner ou le dîner. Il sert de bons repas à des prix honnêtes dans un décor de *diner* classique.

Sammy's California Woodfired Pizza.

Sammy's California Woodfired Pizza $-$$ [33]
770 Fourth Ave., 619-230-8888,
www.sammyspizza.com

Dans un décor simple mais agréable, on sert une variété de pizzas cuites au four à bois. Le service n'est pas fantastique, mais la nourriture est très bonne. Les prix sont abordables et les portions généreuses. On y propose aussi des *calzoni*, des pâtes, des salades et quelques plats plus élaborés de poisson ou de viande. Idéal pour les familles et les petits budgets.

❂ Cafe Chloe $-$$$ [25]
721 Ninth Ave., 619-232-3242,
www.cafechloe.com

À quelques rues à l'est du quartier de Gaslamp, ce charmant bistro s'articule autour d'un petit bar à vin. Les portes-fenêtres l'inondent d'une luminosité invitante qui forme un cadre agréable pour déguster une cuisine fraîche et délicate d'inspiration française. La clientèle d'habitués le fréquente aussi à toute heure du jour pour ses fromages californiens, ses glaces maison et sa belle carte des vins.

Currant American Brasserie $-$$$ [26]
140 W. Broadway, 619-702-6309,
www.currantrestaurant.com

Cette brasserie américaine s'inspire volontiers des cafés français du début du XXe siècle avec ses grands chandeliers, ses miroirs et son décor aux accents de velours. Une bonne adresse pour déguster le brunch du dimanche ou le repas du soir.

The Field $$ [37]
544 Fifth Ave., entre Market St. et Island Ave., 619-232-9840, www.thefield.com

Ce sympathique pub où il fait bon se retrouver pour une bière entre

Le centre-ville, le Gaslamp et le port

amis organise plusieurs manifestations culturelles, entre autres des concerts de musique traditionnelle irlandaise. On y sert de très bons repas résultant de recettes maison préparées à partir de produits frais. Excellents petits déjeuners les fins de semaine.

The Fish Market $$ [38]
750 N. Harbor Dr., 619-232-3474,
www.thefishmarket.com

Top of the Market $$$-$$$$
[38]
à l'étage du 750 N. Harbor Dr., 619-234-4867

The Fish Market plaira aux passionnés de fruits de mer et de poissons, offerts en une grande variété et d'une fraîcheur sans conteste. Le *sushi bar* et l'*oyster bar* sont grandement appréciés. À l'étage se trouve le restaurant Top of the Market, une salle à manger distinguée offrant une très belle vue sur la baie et le pont de Coronado. Les mêmes plats que le Fish Market y sont apprêtés, mais de façon plus recherchée.

San Diego Pier Cafe $$-$$$
[34]
885 W. Harbor Dr., 619-239-3968,
www.piercafe.com

La photographie du restaurant San Diego Pier Cafe sert de logo promotionnel au Seaport Village. Pas étonnant avec une telle situation, car il est difficile d'être plus près de l'eau, et la vue y est unique. Même si l'établissement attire principalement les touristes de passage, il est très agréable de s'y installer tout en savourant l'un des plats de fruits de mer proposés au menu.

Antony's Fish Groto $$$ [20]
1360 N. Harbor Dr., 619-232-5103,
www.gofishanthonys.com

Directement sur le port, ce restaurant sert des fruits de mer, des salades et du *fish and chips*. Les portions sont généreuses et offertes à un coût raisonnable. Du fait de la proximité du port, la fraîcheur des produits est assurée.

McCormick & Schmick's Seafood Restaurant $$$ [30]
Omni San Diego, 675 L St., 619-645-6545,
mccormickandschmicks.com

Installé dans l'hôtel **Omni San Diego** (p. 126), ce restaurant propose un vaste menu qui se spécialise dans les fruits de mer, mais qui affiche également de nombreux plats de viande et de pâtes. La table du midi s'avère particulièrement abordable. Bon à savoir : si vous avez des billets pour un match de baseball, sachez que la présentation de la facture du repas vous permettra d'accéder au Petco Park par une passerelle qui relie le stade à l'hôtel. Une bonne façon d'éviter les queues et la foule.

Blue Point Coastal Cuisine $$$-$$$$ [21]
565 Fifth Ave., 619-233-6623,
www.cohnrestaurants.com

Le Blue Point Coastal Cuisine est un resto-bar très chic spécialisé dans les fruits de mer. On y découvre un décor somptueux axé sur le thème

San Diego Pier Cafe.

de la mer, avec de très larges et confortables banquettes en forme de coquillage et un magnifique bar où s'entrechoquent les verres de martini. La terrasse, moins affairée, donne sur la rue. Service aimable bien qu'un peu guindé. Les plats de poisson et le *clam chowder* (chaudrée de palourdes) sont un vrai régal!

Searsucker *$$$-$$$$* [35]
611 Fifth Ave., 619-233-7327,
www.searsucker.com

Fort populaire auprès de la clientèle locale, le grand restaurant du chef Brian Malarkey comprend une portion *lounge* au décor éclectique, ainsi qu'un grand bar qui s'anime le soir venu. Sandwichs chauds ou froids à prix abordables sont proposés le midi. Le soir, l'endroit se transforme en l'une des adresses les plus branchées du quartier alors que les plats du menu «découverte» se distinguent par la qualité de leurs ingrédients, notamment des viandes et des poissons, triés sur le volet par le célèbre chef. Une expérience gastronomique unique.

Taka Restaurant *$$$-$$$$* [36]
555 Fifth Ave., 619-338-0555,
www.takasushi.com

L'influence des vagues successives d'immigrants asiatiques qui s'y sont installés font de San Diego un endroit tout désigné pour déguster une cuisine japonaise authentique. Cette dernière a d'ailleurs la cote auprès des Californiens, et Taka s'est taillé une excellente réputation auprès des connaisseurs pour ses sushis. Toutefois, la popularité du restaurant comporte sa part de désagréments: prenez une place

Lael's Restaurant.

au bar si vous voulez être servi plus rapidement.

Lael's Restaurant $$$$ [29]
Manchester Grand Hyatt,
One Market Place, 619-358-6735

Restaurant de l'imposant hôtel **Manchester Grand Hyatt** (voir p. 125), Lael's est surtout connu pour son *all you can eat buffet* qui varie selon le jour de la semaine. La grande baie vitrée qui laisse le soleil pénétrer et les énormes lustres de bois sculpté complètent le cadre sobre de style victorien. La terrasse attenante se trouve tout près de l'océan et du Seaport Village.

Nobu San Diego $$$$ [31]
207 Fifth Ave., 619-814-4124,
www.noburestaurants.com

Chaîne de restaurants fort réputée, Nobu offre une expérience culinaire de très haute qualité bien qu'à fort prix. Sous la tutelle du célèbre chef Nobu Matsuhisa, on y sert le traditionnel repas japonais *kaiseki*, composé d'une succession de petits plats froids et chauds, de soupes et de sushis. Le menu fait également bonne utilisation de produits péruviens puisque c'est au Pérou que le chef a ouvert son premier restaurant dans les années 1970.

Sally's Seafood on the Water $$$$ [32]
Manchester Grand Hyatt,
One Market Place, 619-358-6740,
www.sallyssandiego.com

Situé juste à côté du Seaport Village, Sally's fait la fierté de l'hôtel **Manchester Grand Hyatt** (voir p. 125). Le menu affiche plusieurs mets différents, mais ce sont définitivement les fruits de mer qui

Le centre-ville, le Gaslamp et le port

sont à l'honneur ici – la paella au homard et les *crab cakes* (beignets de crabe) sont des incontournables. L'élégante terrasse bénéficie d'une vue de la baie et de la marina, et la cuisine à aire ouverte permet de voir les cuisiniers à l'œuvre.

Island Prime *$$$-$$$$* [28]
880 Harbor Island Dr., 619-298-6802, www.cohnrestaurants.com/islandprime

Offrant depuis la péninsule de Harbor Island l'une des plus belles vues sur la baie de San Diego, ce restaurant de type *steak house* fait partie des bonnes adresses de la région. Fortement influencée par ses racines virginiennes, la chef Deborah Scott propose un menu de plats de viande rehaussés de notes maritimes pour des saveurs tout à fait réussies. La carte des vins est composée à 30% de produits régionaux et comporte une belle sélection de vins biologiques.

Bars et boîtes de nuit *(voir carte p. 33)*

ALTITUDE Sky Lounge [39]
Marriott Gaslamp Quarter, 660 K St., 619-696-0234,
www.sandiegogaslamphotel.com

Situé au 22e étage de l'hôtel Marriott Gaslamp Quarter, ce bar permet de bénéficier d'une vue magnifique sur la baie de San Diego, l'île de Coronado et le terrain vert du stade de baseball Petco Park voisin. La grande terrasse offre un belvédère et un coin *lounge* avec banquettes, et des lampes à infrarouge et un «rond de feu» (*fire pit*) réchauffent l'atmosphère. Mieux vaut arriver tôt en soirée afin d'éviter la queue.

Dick's Last Resort [40]
345 Fourth Ave., 619-231-9100,
www.dickslastresort.com

Ce grand resto-bar, doté d'une vaste terrasse, a été aménagé sans prétention. On y présente des concerts rock tous les soirs dans une ambiance paillarde et bon enfant. Les personnes recherchant le calme, le raffinement et les mots d'esprit passeront leur chemin sans regret.

Fluxx [41]
500 Fourth Ave., 619-232-8100,
www.fluxxsd.com

Installée dans le festif quartier de Gaslamp, Fluxx est une boîte de nuit branchée en bonne et due forme. La soirée s'anime dès 23h au son des DJ de renommée internationale. Il vaut mieux choisir son habillement avec discernement, puisque c'est le portier qui décidera si vous serez de la fête ou non.

Noble Experiment [42]
mar-dim; 777 G St., 619-888-4713,
www.nobleexperimentsd.com

«L'Expérience noble», c'est ainsi que l'on avait surnommé la période de Prohibition des années 1920 aux États-Unis. Près d'un siècle plus tard, on la revisite volontiers grâce

Le centre-ville, le Gaslamp et le port

à ce petit bar de type *speakeasy* qui rappelle ces établissements qui vendaient clandestinement de l'alcool. Mais pour accéder à ce magnifique bar, encore faut-il connaître le bon mot de passe! Pour réserver son droit de visite, il faut envoyer un texto au **619-888-4713**. Une expérience… réussie!

Sevilla Nightclub [43]
353 Fifth Ave., 619-233-5979,
www.sevillanightclub.com

Dans une atmosphère enjouée, ce resto-pub propose un décor et une carte d'inspiration espagnole. Des spectacles d'animation sont présentés tous les soirs. Vous pourrez vous laisser aller à danser la *salsa* ou le *flamenco*. Cours pour non-initiés.

Stingaree [44]
ven-sam; 755 Fifth Ave., 619-756-7678,
www.stingsandiego.com

Grande boîte de nuit à la mode où les DJ sont aux commandes d'une piste de danse à l'éclairage élaboré, Stingaree est l'un des endroits en vogue du quartier de Gaslamp. Les festivités culminent sur le toit de l'immeuble où est aménagée une grande terrasse.

The Hopping Pig Gastropub [45]
748 Fifth Ave., 619-546-6424,
www.thehoppingpig.com

Bistro où les bières de microbrasseries locales et la viande de porc sont à l'honneur. On y trouve un grand

bar, une longue table commune et des tables hautes avec tabourets. La clientèle apprécie particulièrement le vaste menu de bières pression. Belle ambiance.

The Marble Room [46]
535 Fifth Ave., 619-702-5595,
www.themarbleroom.com

Bienvenue dans ce *saloon* des temps modernes aux allures de maison close de l'époque du Far West! L'endroit affiche bien son inspiration avec sa grande salle décorée de chandeliers anciens et de tapisseries rouges. La carte est toutefois bien actuelle et offre une panoplie de cocktails à la mode. Les musiciens invités savent divertir et ajouter à la bonne humeur des clients.

The Shout! House [47]
655 Fourth Ave., 619-231-6700,
www.theshouthouse.com

Une grande salle simplement décorée, deux pianos qui se font face, deux interprètes animateurs qui tentent de réchauffer et de faire chanter la salle à l'aide de plaisanteries et de chansons populaires (Beatles, Sinatra, Elton John), voilà la formule de l'amusante Shout! House.

The Tipsy Crow [48]
770 Fifth Ave., 619-338-9300,
www.thetipsycrow.com

The Tipsy Crow est l'un des plus animés et fréquentés établissements de toute la ville. Au sous-sol se trouve **The Underground**, réservé à la danse et aux concerts. Le rez-de-chaussée accueille le plus classique bar **The Main**, tandis qu'à l'étage on découvre le somptueux salon dénommé **The Nest**.

Top of the Hyatt [49]
Manchester Grand Hyatt,
One Market Place, 619-232-1234
Situé au 40e étage de l'imposant hôtel Manchester Grand Hyatt, le Top of the Hyatt vous offre l'occasion de boire un verre dans une ambiance décontractée et feutrée avec, en prime, une des plus belles vues sur les environs de San Diego.

Westfield Horton Plaza.

Salles de spectacle

(voir carte p. 33)

Balboa Theatre [50]
868 Fourth Ave., angle E St., 619-570-1100,
www.sandiegotheatres.org
Fermé pendant plus de 20 ans, l'historique Balboa Theatre a rouvert ses portes en 2008 et propose des représentations théâtrales et musicales.

San Diego Opera [51]
jan à mai; 1200 Third Ave., 18e étage,
619-533-7000, www.sdopera.com
En activité depuis 1965, le San Diego Opera est le plus vieil opéra du sud de la Californie. On y accueille les meilleurs chanteurs d'opéra au monde.

Lèche-vitrine

(voir carte p. 33)

Le Gaslamp regorge de trouvailles en tous genres. On y trouve une panoplie de boutiques originales et de galeries d'art, notamment entre Broadway et Harbor Drive, et entre Fourth Avenue et Sixth Avenue.

Centres commerciaux

Westfield Horton Plaza [61]
entre Broadway et G St., et entre First Ave. et Fourth Ave., 619-239-8180,
www.westfield.com/hortonplaza
La Westfield Horton Plaza, ce complexe de cinq étages à la fois d'inspiration contemporaine et d'architecture d'adobe, offre un cadre fort agréable pour faire des achats. Si vous achetez un article sur place, sachez que les trois premières

Seaport Village.

heures de stationnement seront gratuites.

Seaport Village [58]
www.seaportvillage.com

Il est vrai que le Seaport Village est entièrement orienté vers le tourisme. Il n'en demeure pas moins qu'on y trouve, parmi la cinquantaine de boutiques, de petits commerces originaux souvent axés sur un thème précis: les cerfs-volants, les boîtes à musique, les hamacs, la mer, les piments forts, etc.

Affiches

Chuck Jones Gallery [52]
232 Fifth Ave., 619-294-9880,
www.chuckjones.com

Les amateurs de dessins animés retrouveront ici une excellente sélection d'affiches originales d'artistes spécialisés dans le film d'animation, notamment Chuck Jones, le célèbre créateur de plusieurs des personnages mythiques de la Warner Bros (*Bugs Bunny*, *Daffy Duck*…).

Alimentation

Ghirardelli Chocolate [55]
643 Fifth Ave., 619-234-2449,
www.ghirardelli.com

La jolie marquise de cet ancien cinéma datant de 1912 annonce aujourd'hui les plaisirs chocolatés et les crèmes glacées de ce grand chocolatier américain. Ne manquez pas le fameux *sundae* au fudge chaud, la gourmandise signature de l'établissement.

Cadeaux

The Soap Opera [59]
817 W. Harbor Dr., Suite B, 800-868-1230,
www.seaportsoapopera.com

Toutes sortes de savons, mais principalement des pains de savon aromatisés à une foule de fragrances et fabriqués à la main, sont vendus ici.

Plein air

Kite Flite [57]
839 W. Harbor Dr., 619-234-8229,
www.kiteflitesd.com

Au pays des plages et de la brise douce, un tel magasin a définitivement sa place. Vous trouverez des modèles de cerfs-volants pour les initiés et les professionnels, car cette activité compte bien des adeptes dans la région. Vous y découvrirez aussi d'amusants modèles pour les petits ou grands débutants.

Vêtements et accessoires

Crazy Shirts [53]
817 W Harbour Dr., 619-595-0468,
www.crazyshirts.com

Pour dénicher un chandail qui correspond à votre humeur, allez faire un tour dans cette boutique originale.

Dolcetti Boutique [54]
635 Fifth Ave., 619-501-1559,
www.dolcettiboutique.com

Boutique au concept unique, Dolcetti renferme à la fois un magasin de vêtements mode et un salon de coiffure. Installée au rez-de-chaussée, la boutique offre un excellent choix de vêtements pour les femmes et les hommes qui veulent se créer une garde-robe branchée à la californienne. La mezzanine est occupée par un salon de coiffure au décor attrayant.

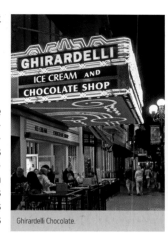

Ghirardelli Chocolate.

HatWorks [56]
433 E St., 619-234-0457

Pour se protéger contre les rayons ardents du soleil californien, ou pour se donner un style rétro, cowboy ou à la mode, plusieurs se rendent à la boutique HatWorks, qui se spécialise dans les chapeaux de toutes sortes depuis 1922, notamment les chapeaux western.

Village Hat Shop [60]
853 W. Harbor Dr., 619-233-7236 ou
888-847-4287, www.villagehatshop.com

Dans cette boutique plutôt amusante entièrement dédiée aux chapeaux, on en trouve une sélection surprenante allant du chic au comique. C'est la boutique à visiter si vous avez envie de vous démarquer ou simplement de vous protéger d'un soleil un peu trop insistant.

Le centre-ville, le Gaslamp et le port

Coronado Island

2 ↘

Coronado Island

À voir, à faire

(voir carte p. 53)

Riche en histoire et en paysages, l'agglomération de **Coronado** porte bien son surnom de *Crown City*. Bordée par l'océan Pacifique et la baie de San Diego, cette jolie petite ville maritime se trouve en fait sur une presqu'île, **Coronado Island** ★★★, qui se rattache au continent par une bande de terre dénommée *Silver Strand*. Elle est aussi reliée à San Diego par un imposant pont, le San Diego-Coronado Bridge (voir ci-dessous). La moitié nord de Coronado Island est occupée par l'immense **North Island Naval Air Station** (voir p. 57).

Coronado Island, qui compte près de 25 000 résidents et reçoit plus de 2 millions de visiteurs par an, investit beaucoup d'effort pour harmoniser ses vocations commer-ciale, touristique et résidentielle. Le long des quelques rues paisibles, à l'écart de l'activité commerciale, on peut par exemple admirer de splendides demeures victoriennes ou modernes.

À partir du centre-ville de San Diego, les automobilistes doivent suivre les indications vers le pont de Coronado.

Coronado Walking Tour ★★
12$; www.coronadowalkingtour.com

Le Coronado Walking Tour, qui part du Glorietta Bay Inn les mardis, jeudis et samedis à 11h, est un incontournable si vous voulez tout savoir sur cette île riche en anecdotes de toutes sortes.

San Diego-Coronado Bridge ★
[1]

Le San Diego-Coronado Bridge s'étale fièrement dans le paysage de la ville avec son imposante structure dont le point culminant atteint

San Diego-Coronado Bridge.

près de 65 m. Dessiné par l'architecte Robert Mosher et inauguré en 1969, ce pont de 3 km relie le centre-ville de San Diego et l'île de Coronado. Les piétons et cyclistes n'y ont pas accès et doivent prendre le traversier.

Coronado Ferry ★

Le Coronado Ferry (voir p. 136) permet aux piétons et aux cyclistes de rejoindre Coronado Island. La traversée de la baie de San Diego, des plus agréables, permet en plus d'admirer la ville sous un angle différent. Si vous désirez vous rendre jusqu'à l'île en autobus, notez que le bus 901 dessert Coronado Island au départ du centre-ville de San Diego, alors que le bus 904 (Coronado Shuttle) circule seulement sur l'île au départ du Coronado Ferry Landing (passages aux heures) en s'arrêtant aux principaux attraits.

Coronado Ferry Landing ★ [2]
1201 First St., angle B Ave., 619-435-8895, www.coronadoferrylandingshops.com

Vous découvrirez le Coronado Ferry Landing en descendant du traversier. Les automobilistes n'ont qu'à tourner à droite à la sortie du pont et à emprunter Glorietta Boulevard pour s'y rendre, et il est facile de s'y garer. Il s'agit en fait d'une concentration de restaurants, de comptoirs de restauration rapide, de boutiques et de galeries d'art. Plusieurs visiteurs futés profitent de l'occasion pour louer sur place vélo ou patins à roues alignées pour suivre la piste cyclable voisine.

Remontez First Avenue, puis empruntez Orange Avenue.

Coronado Island

À voir, à faire ★

1.	EY	San Diego-Coronado Bridge
2.	DX	Coronado Ferry Landing
3.	DY	Orange Avenue
4.	DZ	1101 Star Park Circle
5.	EZ	Hotel del Coronado
6.	DZ	Coronado Historical Association Museum of History & Art
7.	EZ	Glorietta Bay Inn
8.	CZ	Coronado Central Beach
9.	EZ	Silver Strand State Beach
10.	AY	North Island Naval Air Station

Cafés et restos ●

11.	DZ	Chez Loma
12.	DZ	Crown Room
13.	DZ	Delux Gourmet Hot Dogs
14.	EX	Il Fornaio
15.	DZ	Island Pasta Coronado
16.	DZ	Leroy's Kitchen & Lounge
17.	DZ	Miguel's Cocina
18.	DZ	Primavera Ristorante
19.	DZ	Rhinoceros Cafe & Grille
20.	DZ	Sheerwater

Bars et boîtes de nuit ♪

| 21. | DX | Coronado Brewing Co. |
| 22. | DZ | McP's Irish Pub |

Salles de spectacle ◆

| 23. | DZ | Lamb's Players Theatre |

Lèche-vitrine ■

24.	DY	Fashion Nails
25.	DZ	Island Birkenstock
26.	DZ	Seaside Papery
27.	DZ	Shops at the Del
28.	DZ	The Attic

Hébergement ▲

29.	DZ	1906 Lodge at Coronado Beach
30.	DZ	Beach Village at The Del
31.	DY	Crown City Inn & Bistro
32.	DZ	El Cordova Hotel
33.	DZ	Glorietta Bay Inn
34.	DZ	Hotel del Coronado
35.	DZ	La Avenida Inn
36.	EZ	Loews Coronado Bay

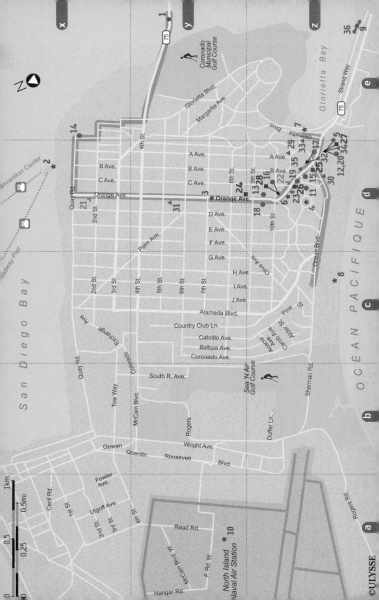

John D. Spreckels

Ce qui fut entrepris par Elisha Babcock et H.L. Storu, initiateurs du projet de l'Hotel del Coronado, a été finalisé par un autre homme, John D. Spreckels, fils d'un magnat du sucre de San Francisco, Claus Spreckels. De la fortune de ce millionnaire, lui-même industriel du sucre, allait dépendre la construction de cet hôtel. Quand il arriva à Coronado Island en 1887, à 34 ans, la ville souffrait en effet d'une dépression économique sévère. La valeur des terrains était en chute libre. Malgré tout, Spreckels décida, deux ans plus tard, d'investir 500 000$ dans le projet de construction, déjà engagé mais sérieusement compromis, de l'Hotel del Coronado. Ce qui en fit l'actionnaire principal non seulement de l'hôtel mais aussi de North Island, du traversier, du trolley et du réseau d'aqueduc. Aussi bien dire que Coronado Island lui appartenait!

Fuyant San Francisco, par crainte des tremblements de terre, Spreckels déménagea en 1906 dans une demeure construite sur la baie de Glorietta, aujourd'hui un hôtel-boutique connu sous le nom de Glorietta Bay Inn. Pendant les 20 années suivantes, il fut connu comme l'homme le plus influent de Coronado Island.

Orange Avenue ★ [3]

L'historique Orange Avenue est la rue principale de la ville de Coronado. Remarquez la beauté des édifices. Les marchands et la communauté travaillent ensemble à préserver le cachet de ces bâtiments.

Faites un court détour par Star Park Circle, de l'autre côté du Spreckels Park.

1101 Star Park Circle [4]

C'est dans la maisonnette victorienne du 1101 Star Park Circle que L. Franck Baum, auteur du célèbre *Magicien d'Oz*, écrivit plusieurs de ses œuvres.

Continuez par Orange Avenue jusqu'à ce que vous aperceviez l'Hotel del Coronado.

Hotel del Coronado ★ ★ ★ [5]

1500 Orange Ave., 800-468-3533, www.hoteldel.com

L'Hotel del Coronado est décidément le centre d'intérêt de Coronado Island. L'hôtel, reconnaissable à ses façades blanches et à son toit octogonal rouge, est tout simplement fabuleux. Son style archi-

Hotel del Coronado.

tectural unique atteste que son concepteur était spécialisé dans la réalisation de gares ferroviaires. Lors de votre visite, prenez le temps d'en admirer le somptueux hall, son riche plafond, ses balcons et ses colonnes de chêne de l'Illinois.

Ne manquez surtout pas ensuite de jeter un coup d'œil dans la salle à manger principale, la Crown Room, où l'on sert le brunch du dimanche. Son gigantesque plafond octogonal orné de lustres est tout simplement remarquable. Empruntez ensuite le couloir au rez-de-chaussée qui vous mènera jusqu'à la terrasse. Profitez de cet emplacement exceptionnel pour siroter un apéro en admirant la vue de l'océan Pacifique comme l'ont fait avant vous Marilyn Monroe, Frank Sinatra, Henry James, le prince de Galles et la duchesse de Windsor, ainsi que 14 présidents des États-Unis incluant John F. Kennedy.

Coronado Historical Association Museum of History & Art [6]

don suggéré 4$; lun-ven 9h à 17h, sam-dim 10h à 17h; 1100 Orange Ave., 619-435-7242, www.coronadohistory.org

Si vous désirez en apprendre davantage sur l'Hotel del Coronado, sachez que la société historique de Coronado gère un musée qui présente une exposition à son sujet.

Empruntez Glorietta Bay Boulevard jusqu'au Glorietta Bay Inn.

Glorietta Bay Inn ★★ [7]

1630 Glorietta Bay Blvd., 619-435-3101 ou 800-283-9383, www.gloriettabayinn.com

Le Glorietta Bay Inn, la maison historique qui fut la demeure de

Coronado Island

Coronado Central Beach.

Charles A. Lindbergh

En 1903, le premier aéronef de l'histoire, doté de deux hélices et d'un moteur léger, fut construit en Californie par les frères Wright. À bord de cet appareil, Orville Wright effectua le premier vol mécanique, d'une durée de 59 secondes, à quelques mètres du sol.

Quelques années plus tard, en 1927, Charles A. Lindbergh partit du Rockwheel Field de Coronado Island dans l'avion appelé le *Spirit of St. Louis*, un monoplan construit à San Diego par Ryan Airlines, pour se rendre à New York afin d'entreprendre sa célèbre traversée de l'Atlantique en solo jusqu'à Paris.

À partir de ce jour, San Diego fut reconnue à travers le monde dans le domaine de l'aéronautique. On donna d'ailleurs le nom de Lindbergh Field à l'aéroport international de San Diego en l'honneur du célèbre pilote.

John D. Spreckels, est maintenant convertie en... hôtel-boutique de luxe. Le bâtiment ressemble sensiblement à ce qu'il était à l'époque où il l'habitait avec sa famille. Prenez le temps d'en visiter le hall et la Music Room.

Revenez sur vos pas pour vous rendre jusqu'à Ocean Boulevard.

Coronado Central Beach ★★★ [8]

La Coronado Central Beach s'étend le long d'Ocean Boulevard. Délimitée au nord par la station maritime et aérienne de l'armée américaine et au sud par l'historique Hotel del Coronado, elle est considérée comme l'une des plus belles plages des États-Unis. Au sud de l'Hotel del Coronado, à marée basse, on peut apercevoir, en observant bien, la coque de l'épave du *Monte Carlo*, un bateau qui a fait naufrage ici en 1936.

La visite à pied s'arrête ici. Reprenez Ocean Boulevard en direction de l'hôtel. Empruntez ensuite Silver Strand Boulevard jusqu'au panneau qui indique «Silver Strand State Beach», située à quelques kilomètres au sud de l'Hotel del Coronado.

Silver Strand State Beach [9]
619-435-5184, www.parks.ca.gov

Coronado Island est rattachée au continent par une longue bande de terre dénommée *Silver Strand* qui s'étire sur 11 km. À mi-chemin se trouve la Silver Strand State Beach.

North Island Naval Air Station [10]
on ne visite pas

Occupant la moitié nord de l'île, la North Island Naval Air Station figure parmi les bases navales les plus importantes de tout le pays. Lieu de naissance de l'aviation américaine, c'est de cet aérodrome que Charles Lindbergh s'envola, le 9 mai 1927, à bord de son monoplan baptisé le *Spirit of St. Louis*, pour se rendre à New York, d'où il entreprit sa traversée historique de l'océan Atlantique en solo. Depuis quelques années, il est interdit aux visiteurs de pénétrer dans l'enceinte des bases militaires américaines, ce qui est bien dommage compte tenu de l'importance de l'armée dans l'histoire de la ville de San Diego.

Cafés et restos
(voir carte p. 53)

Delux Gourmet Hot Dogs $
[13]
943 Orange Ave., 619-319-5338, http://deluxdogs.com

Pour casser la croûte sur le pouce, ce petit comptoir de restauration rapide situé à proximité de la Coronado Central Beach propose des hot-dogs sous le signe de la gastronomie (saucisses tout bœuf importées de Chicago, à la dinde, végétariennes...), ainsi que des hamburgers et des tacos. L'endroit met à profit un grand comptoir avec tabourets, et l'on y trouve quelques tables en terrasse.

Island Pasta Coronado $-$$ [15]

1202 Orange Ave., 619-435-4545, www.islandpastacoronadoca.com

Convenant parfaitement aux repas en famille, ce bistro sans prétention propose un menu de pâtes fraîches, faites sur place, mais aussi des sandwichs, pizzas et salades. La salle à manger, plutôt petite, comporte un grand comptoir en bois avec tabourets et profite d'une grande fenestration. Quelques places en terrasse et bonne sélection de vins au verre.

Miguel's Cocina $-$$ [17]

1351 Orange Ave., 6619-437-4237, www.brigantine.com

Restaurant mexicain situé en face de l'Hotel del Coronado, Miguel's Cocina présente, en plus d'un menu intéressant et abordable, un décor intérieur et extérieur tout en couleurs donnant une forte impression de vacances. Plats à emporter disponibles.

Rhinoceros Cafe & Grille $$ [19]

1166 Orange Ave., 619-435-2121, www.rhinocafe.com

Très populaire, le Rhinoceros Cafe & Grille offre une atmosphère décontractée et amicale malgré un décor design un peu trop étudié. Les portions sont vraiment généreuses – trop, en fait, car cela enlève parfois du charme et de la subtilité aux plats, même les salades.

Leroy's Kitchen & Lounge $$-$$$ [16]

1015 Orange Ave., 619-437-6087, www.leroysluckylounge.com

Ce restaurant aux allures urbaines qui se transforme en *lounge* le soir venu est rapidement devenu l'un des préférés des gens du coin. Les mets sont composés de produits frais provenant des alentours. Si les fruits de mer sont toujours au rendez-vous, les viandes, les légumes en plat et les bons fromages les accompagnent agréablement.

Il Fornaio $$$ [14]

1333 First St., 619-437-4911, www.ilfornaio.com

À la fois une boulangerie et un restaurant, Il Fornaio prépare des pains frais, des *biscotti*, des pâtisseries et des sandwichs alléchants, pour un repas léger ou une bouchée. Particularité de ce restaurant, son menu présente chaque mois des spécialités d'une région différente d'Italie. Le menu habituel, quant à lui, affiche des plats classiques merveilleusement apprêtés. Une adresse à retenir pour son rapport qualité/prix.

Chez Loma $$$-$$$$ [11]

1132 Loma Ave., 619-435-0661, www.chezloma.com

Ce petit bistro français est aménagé dans une belle demeure victorienne située dans une rue en retrait de l'Hotel del Coronado. Plu-

Il Fornaio.

sieurs critiques le classent parmi les meilleurs restaurants gastronomiques de la région, et c'est aussi l'une des adresses les plus romantiques. Les poissons, les fruits de mer et le canard sont particulièrement succulents ici. L'établissement propose également une table d'hôte tôt en soirée (*early dinner*), de 17h à 18h.

Sheerwater *$$$-$$$$* [20]
Hotel del Coronado, 1500 Orange Ave., 619-522-8490, www.hoteldel.com
Installé dans l'**Hotel del Coronado** (voir p. 54, 129), le Sheerwater profite d'une grande terrasse avec vue sur un aménagement paysager planté de palmiers sur fond d'océan. On y sert les trois repas du jour dans une ambiance maritime et décontractée. Inspiré du Pacifique, le menu du soir affiche de sublimes déclinaisons autour des poissons frais et des fruits de mer, tous apprêtés de diverses façons. Le menu du midi offre plusieurs choix: salades, pizzas et la spécialité, le *fish and chips*. Carte des vins, au verre ou à la bouteille, à prix abordables.

Crown Room *$$$$* [12]
dim 9h30 à 14h; Hotel del Coronado, 1500 Orange Ave., 619-522-8490, www.hoteldel.com
L'énorme et somptueuse Crown Room de l'Hotel del Coronado est l'endroit parfait pour les occasions spéciales. Plusieurs critiques affirment que sa cuisine n'est pas à la hauteur de la classe de l'hôtel qui l'abrite, mais l'élégance, comme chacun le sait, donne meilleur goût. On y sert le brunch du dimanche (*environ 80$/pers.*), mais ne vous attendez pas à un simple repas...

Moules, huîtres, homard, fromages fins et osso buco comptent parmi les nombreux mets qui s'offriront alors à vous.

Primavera Ristorante *$$$$* [18]
932 Orange Ave., 619-435-0454,
www.primavera1st.com

Le réputé restaurant Primavera sert une cuisine du nord de l'Italie dans une ambiance classique. Au menu, des risottos, des pâtes fraîches, des poissons, des volailles et des viandes composent des plats riches et goûteux. Excellents cocktails.

Bars et boîtes de nuit *(voir carte p. 53)*

Coronado Brewing Co. [21]
170 Orange Ave., 619-437-4452,
www.coronadobrewingcompany.com

La Coronado Brewing Co. est la seule microbrasserie de Coronado Island. En plus d'essayer l'excellente bière maison, vous aurez l'occasion de déguster de bons plats dans une atmosphère détendue et rehaussée par les persiennes entrouvertes qui laissent pénétrer la végétation tropicale à l'intérieur.

McP's Irish Pub [22]
1107 Orange Ave., 619-435-5280,
www.mcpspub.com

Ce pub irlandais, installé dans une maison de bardeaux et décoré d'enseignes au néon, est bien situé sur l'avenue la plus achalandée de Coronado Island. Ouvert dès 11h, il s'agit là d'une bonne adresse pour boire un verre en après-midi ou faire la fête le soir. On apprécie particulièrement sa vaste terrasse ombragée de grands arbres.

Salles de spectacle
(voir carte p. 53)

Lamb's Players Theatre [23]
1142 Orange Ave., 619-437-0600,
www.lambsplayers.org

Installé dans le Spreckels Building, un édifice historique de l'artère principale de Coronado Island, le Lamb's Players Theatre présente des pièces de qualité tout au long de l'année.

Lèche-vitrine
(voir carte p. 53)

Centres commerciaux

Shops at the Del [27]
Hotel del Coronado, 1500 Orange Ave.,
800-468-3533, www.hoteldel.com

La charmante galerie marchande de l'**Hotel del Coronado** (voir p. 54) nous fait volontiers remonter à la grande époque de ce chic établissement. Installée au sous-sol de l'hôtel le long d'un chic corridor orné de bois d'acajou, elle compte quelques boutiques de mode, des bijoutiers ainsi qu'un comptoir de souvenirs.

The Attic [28]
1011 Orange Ave., 619-435-5432

Cette jolie boutique offre un excellent choix de bijoux de fantaisie, de sacs de voyage confectionnés à

Coronado Island

Coronado Brewing Co.

partir de matières recyclées, de produits pour le bain et de cadeaux de mariage. Les objets sont variés, de bon goût et proviennent majoritairement d'artisans californiens. Des affiches décoratives arborant des messages inspirants sont faites à la main par les conjointes des militaires en affectation dans la baie de San Diego. Une seconde boutique a pignon sur rue au 1112 Tenth Street *(619-435-5614)*.

Cadeaux

Seaside Papery [26]
1162 Orange Ave., 619-435-5565,
www.seasidepapery.com

Pour se procurer de jolies cartes de souhaits, mais aussi de petits objets de décoration, des souvenirs de voyage de l'île de Coronado et des bougies aromatiques, il faut se rendre chez Seaside Papery, qui présente des produits de bon goût, sur le thème de l'océan.

Soins corporels

Fashion Nails [24]
861 Orange Ave., 619-435-1550

Ce petit salon d'esthétique dédié aux soins des ongles reçoit volontiers la clientèle sans rendez-vous. Propre et de service courtois, on y trouve six fauteuils de massage automatisés pour les pédicures et autant de stations pour les manucures, offertes à prix abordables.

Vêtements et accessoires

Island Birkenstock [25]
1350 Orange Ave., 619-435-1071,
www.birkenstocksd.com

Vous y retrouverez plusieurs modèles uniques de chaussures confortables provenant de tous les coins du monde.

3 ↘

Old Town

À voir, à faire

(voir carte p. 65)

C'est en 1542 que les Espagnols accostèrent pour la première fois sur le site de la future ville de San Diego, mais c'est seulement à partir de 1769 qu'une colonie s'y installa. La partie de la ville aujourd'hui connue sous le nom d'«Old Town» fut le premier établissement européen en Californie. Au début, la vie à San Diego s'organisa essentiellement autour d'Old Town. En 1868, cependant, un homme d'affaires du nom d'Alonzo Horton considéra qu'un site près du bord de la baie était un bien meilleur endroit pour développer une ville. Il acheta donc un immense terrain qu'il revendit en plusieurs parcelles et, peu à peu, une nouvelle ville se développa à quelques kilomètres du site actuel d'Old Town. Ce fut le début du déclin de l'ancien noyau. En 1872, un incen-

die majeur ravagea une grande partie d'Old Town et lui donna son coup de grâce. L'endroit fut abandonné jusqu'en 1968, année du 200e anniversaire de San Diego. Considéré comme un héritage culturel de grande valeur, le site a été restauré et rouvert au public pour l'occasion. **Old Town** ★★ est alors devenu un parc historique d'État.

L'Old Town San Diego State Historic Park se trouve à l'angle de San Diego Avenue et de Twiggs Street. Pour s'y rendre en voiture du centre-ville, il faut prendre Pacific Highway jusqu'à San Diego Avenue, puis tourner à droite. Plusieurs places de stationnement entourent le parc.

Old Town San Diego State Historic Park ★★★ [1]
entrée libre; mai à sept tlj 10h à 17h, oct à avr tlj 10h à 16h; angle San Diego Ave. et Twiggs St., 619-220-5422, www.parks.ca.gov
L'Old Town San Diego State Historic Park recrée la vie durant la période

Old Town San Diego State Historic Park.

mexicaine et les débuts de la main-mise américaine sur les possessions mexicaines, soit entre 1821 et 1872. Le parc s'étend sur six quadrilatères et renferme pas moins de 20 bâtiments historiques reconstitués ou restaurés. Il faut à tout prix se joindre à la visite guidée qui débute à 11h et 14h tous les jours, à l'entrée du parc, devant le centre d'information touristique, car elle est essentielle si vous voulez tout savoir sur les débuts de la colonie et sur la vie à l'époque.

Old Town Trolley Tour ★★
36$; 888-910-8687,
www.trolleytours.com/san-diego

À bord d'un ancien trolleybus converti en autobus, le chauffeur vous entretient de l'histoire de la ville. Il vous raconte une foule d'anecdotes et de faits humoris-tiques. Le trolley refait constamment le même trajet, s'arrêtant aux endroits suivants: l'Old Town San Diego State Historic Park, le port de San Diego, le Seaport Village, le Marriott Marquis & Marina, la Horton Plaza, le Gaslamp, le Hilton Bayfront, l'île de Coronado, le Balboa Park et son zoo, et Little Italy. Il est donc possible de commencer le tour à l'endroit de son choix et de descendre et de remonter à bord à volonté.

Le circuit débute à l'entrée de l'Old Town San Diego State Historic Park, au Seeley Stable, tout de suite à droite en pénétrant dans l'enceinte du parc.

The Seeley Stable ★ [2]

Le siège de l'entreprise The Seeley Stable abrite un musée captivant

Old Town

Old Town Trolley Tour.

À voir, à faire ★

1.	BY	Old Town San Diego State Historic Park
2.	BZ	The Seeley Stable
3.	BZ	San Diego Union Newspaper Building
4.	BY	Casa De Bandini
5.	BY	Robinson-Rose House
6.	BY	Racine & Laramie Tobacco Shop
7.	BY	First San Diego Courthouse
8.	BY	Casa De Estudillo
9.	BX	Bazaar del Mundo
10.	CX	Presidio Park
11.	CW	Junípero Serra Museum

Cafés et restos ●

12.	CZ	Café Coyote
13.	BX	Casa Guadalajara
14.	CZ	Old Town Mexican Café y Cantina

Bars et boîtes de nuit ♪

15.	BZ	Old Town Theatre

Salles de spectacle ◆

16.	BX	Bazaar del Mundo
17.	BZ	Miranda's Courtyard

Hébergement ▲

18.	CZ	Best Western Plus Hacienda Hotel Old Town

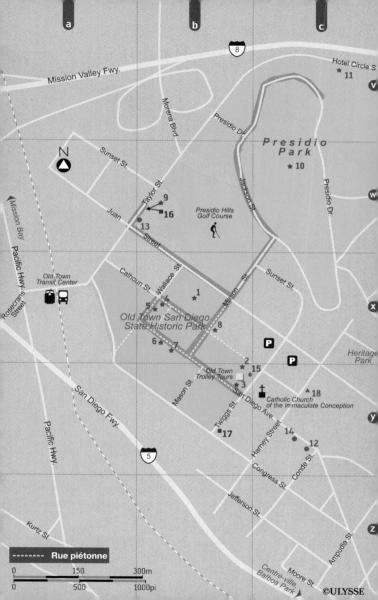

8

Hotel Circle S
★ 11

v

Mission Valley Fwy.

Presidio Dr.

Morena Blvd.

Presidio Park
★ 10

Sunset St.

N

Taylor St.

9
★
16

Juan

13

Street

Presidio Hills
Golf Course

Jackson St.

Presidio Dr.

w

Mission Bay

Pacific Hwy

Calhoun St.

Wallace St.

Mason St.

Sunset St.

x

Rosecrans
Street

Old Town
Transit Center

*Old Town San Diego
State Historic Park*

1
★

5
★

8
★

6
★   7
★

2
★
15

P

P

Heritage
Park

Old Town
Trolley Tours

3
★

Catholic Church
of the Immaculate Conception

★ 18

San Diego Fwy.

Mason St.

San Diego Ave.

y

5

Twiggs St.

17

Harney Street

14

Conde St.

12

Pacific Hwy

Congress St.

Jefferson St.

z

Kurtz St.

Ampudia St.

Rue piétonne

0   150   300m
0   500   1000pi

Moore St.

Centre-ville,
Balboa Park

©ULYSSE

Old Town

1. Casa De Bandini.
2. Racine & Laramie Tobacco Shop.

sur le transport en diligence. La collection du musée, répartie sur deux étages, compte différents modèles de diligences d'époque, accompagnés de panneaux explicatifs. On y trouve aussi une belle collection d'objets usuels amérindiens.

San Diego Union Newspaper Building ★ [3]
entrée libre; tlj 10h à 17h

Non loin du Seeley Stable, l'édifice du San Diego Union Newspaper fut construit au Maine et transporté ensuite par bateau. Cette demeure préfabriquée en bois abrita les premières presses du quotidien *San Diego Union* (maintenant *U-T San Diego*). Aujourd'hui restauré, il renferme la reconstitution d'une salle de presse et d'un bureau d'éditeur typiques.

Reprenez Mason Street vers la droite; juste sur le coin de la rue, vous verrez le restaurant Casa de Bandini.

Casa De Bandini ★ [4]
2754 Calhoun St.

Né au Pérou, Juan Bandini vint en Californie en 1819 avec son père, un riche armateur. Sa demeure, la Casa De Bandini, terminée en 1829, devint rapidement le centre de l'activité sociale d'Old Town. Aujourd'hui, la magnifique demeure, richement décorée de mobiliers et d'objets d'art, abrite un restaurant mexicain.

Prenez Wallace Street à gauche, puis encore à gauche dans San Diego Avenue.

Robinson-Rose House [5]

entrée libre; tlj 10h à 17h; 4002 Wallace St.

James W. Robinson, originaire du Texas, arrive à San Diego en 1850. En 1853, il construit la Robinson-Rose House, une belle demeure d'un étage, non seulement pour y installer sa famille, mais aussi pour accueillir les bureaux du *San Diego Herald*, du chemin de fer ainsi que d'autres institutions et commerces. Il s'agissait en fait du cœur commercial d'Old Town au début de la période américaine. La maison loge aujourd'hui le centre d'information des visiteurs de l'Old Town San Diego State Historic Park.

Les prochaines maisons du circuit se dressent le long de San Diego Avenue, face à la Plaza.

Racine & Laramie Tobacco Shop [6]

2737 San Diego Ave., www.racineandlaramie.com

Juan Rodriguez, un soldat du Presidio, reçut un bout de terrain pour les services militaires rendus. Il se bâtit une petite maison en 1830, mais malheureusement elle brûla dans l'incendie de 1872. Elle a été reconstruite et meublée afin de recréer le magasin de cigares et de tabac qui s'y trouvait en 1869.

Sur le terrain vague que vous apercevrez juste avant la First San Diego Courthouse (voir plus bas) se dressait la Franklin House.

First San Diego Courthouse ★ [7]

2733 San Diego Ave.

En janvier 1847, en pleine guerre mexicano-américaine, un batail-

Old Town

lon de mormons arriva à San Diego pour soutenir l'armée américaine, notamment en édifiant la première construction en brique de la ville, qui devait servir à la fois de local pour l'école et de *town hall* (mairie). En 1850, la législature de la Californie désigna San Diego comme première ville de l'État. À partir de cette année et jusqu'à l'incendie de 1872, le bâtiment servit de palais de justice de l'État. Il a été reconstruit en 1992 grâce à la campagne de financement de la First San Diego Courthouse Association.

Dirigez-vous vers l'arrière de la San Diego Courthouse.

Casa De Estudillo ★ [8]
entrée libre; tlj 10h à 17h

La demeure en adobe la plus populaire du parc est sans aucun doute la Casa De Estudillo. Sa construction débuta en 1827 et se termina en juin 1829. Elle appartenait au capitaine José María de Estudillo, commandant du Presidio. La demeure fait partie des rares bâtiments originaux du parc. Remarquez la forme en fer à cheval du bâtiment, qui encercle un grand jardin, comme nombre de demeures de cette époque.

Pour vous rendre au Presidio Park, vous pouvez marcher ou prendre la voiture. Si vous vous sentez d'attaque pour une marche en montée, sachez que la promenade est agréable et n'est pas très longue. Rendez-vous au Bazaar del Mundo pour quelques achats, puis reprenez Juan Street à gauche. Tournez ensuite à gauche dans Mason Street et suivez la rue jusqu'à ce qu'elle se termine à Jackson Street, que vous

Old Town

1. Casa De Estudillo.
2. Presidio Park.

traverserez pour entrer dans le Presidio Park.

Bazaar del Mundo ★★ [9]
4133 Taylor St., 619-296-3161,
www.bazaardelmundo.com

Le Bazaar del Mundo est un ensemble de constructions en adobe entourant un large jardin. Au centre se trouve un restaurant mexicain (voir p. 71). Chacun des bâtiments abrite de jolies boutiques et galeries d'art proposant des pièces d'art d'inspiration espagnole ou autochtone, un peu plus chères qu'ailleurs, mais uniques et recherchées. Le bazar est parmi les plus animés et les plus colorés de San Diego.

Presidio Park ★★ [10]
Le Presidio Park s'élève à 50 m au-dessus d'Old Town. Il s'agit de l'endroit où les premiers colons s'installèrent et où fut construite la mission San Diego de Alcalá, la première des 21 missions californiennes. Elle a été plus tard relocalisée à 8 km à l'est pour se rapprocher des points d'eau et, semble-t-il, éloigner les femmes autochtones de la garnison.

Junípero Serra Museum [11]
6$; juin à début sept ven-dim 10h à 17h, début sept à mai sam-dim 10h à 16h; 2727 Presidio Dr., 619-232-6203, www.sandiegohistory.org

Le Junípero Serra Museum, un bâtiment blanc en adobe, siège de l'Historical Society, présente des expositions sur les Amérindiens, les Espagnols et la période mexicaine. Le musée porte le nom du fondateur de la mission San Diego de Alcalá, considéré comme le père de la Californie.

Cafés et restos

(voir carte p. 65)

Café Coyote $$ [12]
tlj 7h à 22h; 2461 San Diego Ave., 619-291-4695,
www.cafecoyoteoldtown.com

Ce restaurant est le plus fréquenté d'Old Town. Dans une ambiance surchauffée par la musique et les nombreux clients, vous dégusterez des spécialités mexicaines (*quesadillas*, *tacos*, *nachos*, *burritos*) à la terrasse ou dans une des salles animées du restaurant.

Casa Guadalajara $$ [13]
lun-ven dès 11h, sam-dim dès 8h; 4105 Taylor St., angle Juan St., 619-295-5111,
www.casaguadalajara.com

Cet établissement se distingue par les pièces artisanales qui donnent une apparence toute particulière à sa salle à manger, mais les convives peuvent également prendre place à la terrasse ombragée, agrémentée d'une fontaine. Vous pourrez déguster un repas nourrissant typiquement mexicain, avec de succulentes *tortillas* maison, le tout arrosé d'un grand verre de *margarita* au son des *mariachis*.

★ Old Town Mexican Café y Cantina $$ [14]
tlj 7h à 23h; 2489 San Diego Ave., 619-297-4330,
www.oldtownmexcafe.com

Contiguë au Café Coyote, cette «cantine» est fréquentée par les gens du quartier. Elle est essentiellement réputée pour ses *margaritas*, qui ont été primées dans la presse locale. Côté menu, sont proposés des *carnitas* (porc grillé), du poulet rôti et des *tortillas* faites maison. Une des bonnes adresses d'Old Town.

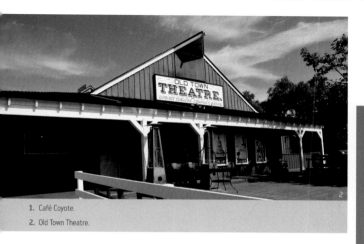

1. Café Coyote.
2. Old Town Theatre.

Salles de spectacle

(voir carte p. 65)

Old Town Theatre [15]
4040 Twiggs St., 619-337-1525
Ce théâtre, situé au cœur de la vieille ville, présente des pièces très divertissantes, notamment celles de la troupe du **Cygnet Theatre** *(www.cygnettheatre.com).*

Lèche-vitrine

(voir carte p. 65)

Cette partie de la ville peut sembler une « trappe à touristes ». Mais même si ce n'est pas loin de la vérité, on peut, en prenant son temps, y découvrir des objets intéressants, surtout en ce qui concerne l'artisanat mexicain puisque c'est le thème développé dans ce quartier historique.

Cadeaux et souvenirs

Bazaar del Mundo [16]
4133 Taylor St., 619-296-3161,
www.bazaardelmundo.com

Dans un décor haut en couleur, autour d'une place centrale occupée par un restaurant et animée par des mariachis, se juxtaposent plusieurs petites boutiques plutôt riches en découvertes. L'affluence de touristes fait en sorte que les produits soient offerts à prix fort, mais on y trouve quand même des articles dignes d'intérêt, la plupart provenant de l'Amérique latine.

Miranda's Courtyard [17]
2548 Congress St., 619-296-6611

Dans cette jolie boutique proposant une foule de produits provenant du Mexique, et ce, à des prix raisonnables, on trouve aussi beaucoup d'objets pour la décoration et le jardinage.

Mission Valley et Hillcrest

4 ↘

Mission Valley et Hillcrest

À voir, à faire

(voir carte p. 75)

Au nord du centre-ville et du Balboa Park se trouvent les quartiers de Mission Valley et Hillcrest. **Mission Valley** ★ compte un attrait intéressant, la mission San Diego de Alcalá, alors que **Hillcrest** est un quartier de restaurants et de petites boutiques aux concepts originaux. C'est d'ailleurs là son principal intérêt. La vie nocturne y est aussi des plus animées, particulièrement sur University Avenue entre Third Avenue et Seventh Avenue. Une importante communauté de gays y réside.

Pour vous rendre à la mission San Diego de Alcalá, prenez l'autoroute 8, sortez à Mission Gorge Road et tournez à gauche dans Twain Avenue, qui devient Mission Road.

Mission San Diego de Alcalá ★★ [1]
3$; tlj 9h à 16h45; 10818 San Diego Mission Rd., 619-283-7319 ou 619-281-8449, www.missionsandiego.com

La mission San Diego de Alcalá fut fondée le 16 juillet 1769 par le père Junípero Serra en l'honneur de saint Diego de Alcalá. Située originalement sur le site du Presidio, elle fut déplacée en 1774. En 1941, la mission devint une église de paroisse. En 1976, le pape Paul VI lui a donné un statut de basilique, ce qui fut considéré comme un grand honneur. Aujourd'hui, la mission est encore utilisée comme église paroissiale, bien qu'elle ait été classée monument historique. Un petit musée, situé à l'intérieur, relate l'histoire de la mission.

Mission San Diego de Alcalá.

Qualcomm Stadium [2]
autoroute 805, sortie Qualcomm Stadium

Le Qualcomm Stadium accueille l'équipe de football des Chargers. Site de deux séries mondiales et de deux Super Bowl, il a aussi été le théâtre de concerts mémorables des Rolling Stones, d'Elton John et de Billy Joel.

Cafés et restos
(voir carte p. 75)

Bronx Pizza $ [4]
111 Washington St., 619-291-3341,
www.bronxpizza.com

Ici il ne faut pas s'attendre à un service avenant et à un décor grandiose. Dans ce petit resto qui ne paie pas de mine, ce sont les pizzas, considérées par certains comme les meilleures de tout le comté, qui volent la vedette.

Crest Cafe $-$$ [5]
425 Robinson Ave., 619-295-2510,
www.crestcafe.net

Ce petit restaurant sans prétention sert une nourriture simple, honnête et plutôt santé dans une ambiance détendue. Le menu offre de très nombreuses options, tant pour le petit déjeuner que pour les deux autres repas de la journée. Spécialités mexicaines, salades, hamburgers, pâtes, viandes… Il y a peu de risque que vous ne trouviez pas de quoi vous satisfaire.

Karen Krasne Extraordinary Desserts $-$$ [6]
2929 Fifth Ave., 619-294-2132

Amateur de desserts, voilà l'endroit à inscrire sur votre liste. On y propose essentiellement des gâteaux, mais aussi des biscuits, du bon café et une grande variété de thés du monde entier. Vous pourrez vous

Mission Valley et Hillcrest

Qualcomm Stadium.

À voir, à faire ★

Cafés et restos ●

Bars et boîtes de nuit ☽

Lèche-vitrine ■

Hébergement ▲

Mission Valley et Hillcrest

Urban Mo's Bar & Grill.

installer à l'intérieur ou dehors, sur la jolie terrasse.

Sushi Deli *$-$$* [7]
228 W. Washington St., 619-231-9597,
www.sushideliusa.com

Voilà un bon restaurant japonais où est proposée une honnête sélection de sushis, sans oublier les plats de poulet, de bœuf, de porc et de légumes. Le service, un peu froid et lent, ne mérite cependant pas que cette adresse soit ignorée : la nourriture est de qualité.

Wienerschnitzel *$-$$* [8]
101 W. Washington St., 619-298-6483,
www.wienerschnitzel.com

Voilà un établissement de restauration rapide qui mérite un arrêt. Peut-être pas pour sa vaste sélection de hamburgers qui sont identiques aux autres enseignes, mais plutôt pour ses hot-dogs, notamment à la dinde ou au steak Angus.

Différentes sauces épicées assaisonnent à souhait ces saucisses aussi grosses que délicieuses.

Arrivederci Ristorante *$$* [3]
3845 Fourth Ave., 619-299-6282,
www.arrivederciristorante.com

Ce restaurant italien a fait sa réputation avec sa cuisine traditionnelle, et plus particulièrement ses lasagnes et son dessert piémontais, le tiramisu. L'établissement est bondé la fin de semaine et devient donc très bruyant, mais une petite terrasse permet de converser au calme.

Bars et boîtes de nuit *(voir carte p. 75)*

Shakespeare Pub & Grille [9]
3701 India St., 619-299-0230,
www.shakespearepub.com

Au Shakespeare Pub & Grille, installé près de l'autoroute 5 dans un environnement verdoyant, la bière coule à flots et l'ambiance est assurée en permanence. C'est un bon endroit pour suivre les championnats de football européen et les compétitions de rugby.

Urban Mo's Bar & Grill [10]
308 University Ave., 619-491-0400,
www.urbanmos.com

Au cœur de la communauté gay de San Diego, l'Urban Mo's est moins réputé pour ses hamburgers que pour ses spectacles de travestis. On y vient pour boire un verre, manger, discuter et surtout rigoler devant les prestations des « artistes ».

Le quartier de Hillcrest.

Lèche-vitrine

(voir carte p. 75)

Le long de Fifth Avenue, près d'University, se trouve le quartier de Hillcrest. On y retrouve des antiquaires et des boutiques spécialisées en décoration intérieure. Le secteur regorge de boutiques de mode en tous genres et de magasins de produits d'avant-garde.

Alimentation

Whole Foods Market [13]
711 University Avenue, 619-294-2800,
www.wholefoodsmarket.com

Cette chaîne d'épiceries est entièrement orientée vers les produits biologiques et *environmentally friendly* (écologiques). C'est une véritable jouissance de déambuler dans les nombreuses allées et de découvrir une multitude de produits de toutes les provenances, plus intéressants les uns que les autres.

Centre commercial

Fashion Valley [11]
7007 Friars Rd., prendre le San Diego Trolley et sortir à Fashion Valley, 619-688-9113,
www.simon.com/mall/fashion-valley

Avec près de 200 commerces et restaurants répartis sur deux étages, Fashion Valley représente le plus grand complexe commercial de toute la région. On y trouve entre autres cinq grands magasins dont JCPenney, Macy's, Bloomingdale's, Neiman Marcus et Nordstrom.

Chapeaux

Village Hat Shop [12]
3821 Fourth Ave., 619-683-5533,
www.villagehatshop.com

Voir description p. 49.

5 ↘

Balboa Park

À voir, à faire

(voir carte p. 81)

Situé à quelques minutes du centre-ville, le **Balboa Park** ★★★ *(www.balboapark.org)* est un grand parc municipal où l'on trouve des pistes cyclables, des sentiers pédestres ainsi que des espaces de détente et des aires de jeux pour les enfants. Ses principales attractions sont cependant ses 17 musées et son zoo de renommée internationale. Le parc porte le nom de l'explorateur espagnol qui, après avoir franchi l'isthme de Panamá, découvrit l'océan Pacifique.

Pour accéder au parc à partir du centre-ville, prenez Sixth Avenue jusqu'à Laurel Street. Stationnez votre voiture à l'entrée.

California Tower ★ [1]

Plusieurs des musées, le long du chemin piétonnier El Prado, sont installés dans de magnifiques bâtiments coloniaux construits spécialement pour la Panama-California Exposition de 1915-1916. D'ailleurs, dès votre arrivée, vous serez impressionné par les imposants édifices d'architecture coloniale dominés par la California Tower, au sommet de laquelle on peut apercevoir une girouette en forme d'un navire espagnol du même type que celui qui a permis à l'explorateur Cabrillo d'atteindre le site de l'actuelle San Diego. Le carillon de la tour marque les quarts d'heure et résonne pendant cinq minutes chaque midi. Le système s'enclenche mécaniquement, mais il arrive qu'un carillonneur interprète un récital en direct. Logé dans la California Tower, le **San Diego Museum of Man** ★★ *(12,50$; tlj 10h à 16h30; 1350 El Prado, 619-239-2001, www.museumofman.org)* renferme de véritables trésors anthropologiques. Chaque section du musée couvre une période de l'histoire de l'hu-

California Tower.

Balboa Park

manité. Le musée traite, bien sûr, des anciennes civilisations, comme celle des Égyptiens, mais vous pourrez aussi y apprendre une foule de choses sur la culture amérindienne.

House of Hospitality ★ [2]

Pour s'orienter, il est préférable de s'arrêter d'abord au **Balboa Park Visitors Center** *(tlj 9h30 à 16h30; 1549 El Prado, 619-239-0512)*, situé dans la boutique de souvenirs de la House of Hospitality, qui abrite aussi le restaurant **The Prado at Balboa Park** (voir p. 89). Siège de l'organisation de la Panama-California Exposition de 1915-1916, la House of Hospitality comporte en façade une jolie sculpture d'une femme aztèque, *Woman of Tehuantepec*, œuvre de l'artiste Donal Hord. À noter que des sculptures d'artistes internationaux décorent agréablement le parc.

Museum of Photographic Arts ★★★ [3]

8$; mar-dim 10h à 17h, jeu jusqu'à 21h en été; 1649 El Prado, 619-238-7559, www.mopa.org

Installé dans l'ancien pavillon de la **Casa de Balboa**, le Museum of Photographic Arts, dédié à la photographie et au film d'art, s'est imposé depuis son ouverture, en 1983, comme un des plus intéressants du genre dans le monde. Une occasion unique de voir réunies des œuvres de réputés photographes et cinéastes. La boutique de livres, d'affiches et de cartes postales vaut le détour.

San Diego History Center ★★ [4]

8$; tlj 10h à 17h; 1649 El Prado, 619-232-6203, www.sandiegohistory.org

Jouxtant le Museum of Photographic Arts, le San Diego History Center présente des collections d'ar-

Balboa Park

El Prado, la rue piétonnière du Balboa Park.

À voir, à faire ★

1. BX California Tower/San Diego Museum of Man
2. BY House of Hospitality
3. BY Museum of Photographic Arts/ Casa de Balboa
4. BX San Diego History Center
5. BX San Diego Model Railroad Museum
6. CY Reuben H. Fleet Science Center/ IMAX
7. CX San Diego Natural History Museum
8. BX Spanish Village Art Center
9. BX Botanical Building
10. BX Lily Pond

11. BX San Diego Museum of Art
12. BX Timken Museum of Art
13. BX Mingei International Museum
14. BX The Old Globe
15. BY Spreckels Organ Pavilion
16. AZ San Diego Aerospace Museum
17. BY San Diego Hall of Champions
18. AY San Diego Automotive Museum
19. BY Centro Cultural de la Raza
20. BY WorldBeat Center
21. BX San Diego Zoo
22. CX Balboa Park Carrousel
23. BX Balboa Park Miniature Railroad
24. BX San Diego Junior Theatre

Cafés et restos ●

25. BX The Prado at Balboa Park

26. CV Urban Solace

Salles de spectacle ◆

27. BX The Old Globe

Lèche-vitrine ■

28. BY Museum of Photographic Arts

29. BX Spanish Village Art Center

Hébergement ▲

30. AV Inn at the Park

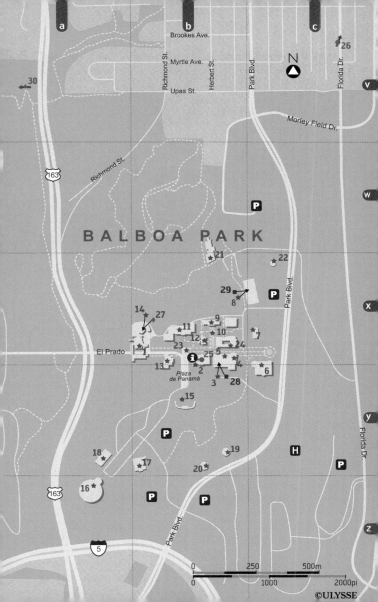

Balboa Park

Reuben H. Fleet Science Center.

chives visuelles. La San Diego Historical Society, qui est très impliquée dans la recherche et la promotion du patrimoine historique de la ville, possède une imposante collection de près d'un million d'images de San Diego de 1867 à aujourd'hui. Le musée compte cinq galeries et des archives servant à la recherche.

San Diego Model Railroad Museum ★ [5]

8$, gratuit pour les 5 ans et moins; mar-ven 11h à 16h, sam-dim 11h à 17h; 1649 El Prado, 619-696-0199, www.sdmrm.org

Également dans la Casa de Balboa, le San Diego Model Railroad Museum veut témoigner de l'importance du chemin de fer dans le développement du sud-ouest des États-Unis. Il abrite une impressionnante collection de trains minia-

tures répartis sur une surface de 7 200 m².

Reuben H. Fleet Science Center ★★★ [6]

adultes 13$, 17$ incluant le film IMAX, enfants 3 ans à 12 ans 11$, 14$ incluant le film IMAX; lun-jeu 10h à 17h, ven-dim 10h à 18h; 1875 El Prado, 619-238-1233, www.rhfleet.org

À la fois un centre de divertissement et un musée des sciences, le Reuben H. Fleet Science Center offre un environnement de haute technologie stimulant. Avec ses 12 expositions permanentes couvrant des thèmes allant des cellules humaines à l'espace en passant par les illusions, les enfants ne sauront plus où donner de la tête. On y trouve aussi un cinéma **IMAX** en forme de dôme où sont présentés des films étonnants.

La Panama-California Exposition

En 1915, la Panama-California Exposition fut organisée en l'honneur du parachèvement du canal de Panamá. Les organisateurs voulurent illustrer, à travers diverses expositions, le progrès et les possibilités de l'espèce humaine. Les pavillons d'inspiration coloniale espagnole furent conçus par Bertram Grosvenor Goodhue, un architecte réputé. Seuls le California Building et le Spreckels Organ Pavilion devaient, à l'origine, survivre à l'exposition. Finalement, on s'efforça de trouver de nouvelles vocations aux édifices. La plupart des infrastructures de l'exposition se trouvent encore sur le site, entre autres le Cabrillo Bridge, la California Tower (Museum of Man), la House of Hospitality, la Casa de Balboa, le Spreckels Organ Pavilion et le Botanical Building.

Balboa Park

1. Botanical Building.
2. San Diego Natural History Museum.

San Diego Natural History Museum ★★ [7]

adultes 17$, enfants 13 à 17 ans 12$, enfants 3 à 12 ans 11$; tlj 10h à 17h; 1788 El Prado, 619-232-3821, www.sdnhm.org

En face du musée des sciences, le San Diego Natural History Museum permet de se familiariser avec l'habitat naturel de San Diego et de la région de la Baja California mexicaine. La collection compte au-delà de 7 millions de spécimens d'animaux, de végétaux et de fossiles, ainsi que de nombreux échantillons de minéraux. Quelques reproductions de squelettes de dinosaures et de baleines font aussi partie de l'exposition permanente.

Derrière le San Diego Natural History Museum se trouve le bâtiment qui loge le Spanish Village Art Center.

Spanish Village Art Center ★★ [8]

tlj 11h à 16h; 1770 Village Place, 619-233-9050, www.spanishvillageart.com

Le Spanish Village Art Center regroupe un ensemble d'ateliers partagés par des artisans de la région. On peut y assister tous les jours à des démonstrations de poterie, de peinture, de sculpture, d'orfèvrerie ou d'émail sur cuivre. C'est l'endroit idéal pour admirer l'artisanat de la région et dénicher un souvenir.

Botanical Building ★★ [9]

ven-mer 10h à 16h

Le Botanical Building, un bâtiment en lattes et en forme de chapeau, ne passe pas inaperçu. La serre abrite plus de 2 000 plantes tropicales. Le **Lily Pond** [10], un étang judicieusement placé pour refléter l'image du bâtiment, contient aussi

une variété de nénuphars qui fleurissent du printemps à l'automne.

San Diego Museum of Art ★★★ [11]

12$; lun, mar, jeu-sam 10h à 17h, dim 12h à 17h; 1450 El Prado, 619-232-7931, www.sdmart.org

Près d'un demi-million de personnes visitent annuellement le San Diego Museum of Art, ce qui en fait l'un des plus fréquentés au pays. Consacré à l'art de la Renaissance italienne et à l'art baroque hollandais et espagnol, le musée présente également des peintures et des sculptures contemporaines.

Timken Museum of Art [12]

entrée libre; mar-sam 10h à 16h30 et dim 12h à 16h30; 1500 El Prado, 619-239-5548, www.timkenmuseum.org

Ce petit musée expose une soixantaine de toiles d'artistes comme Rembrandt, Rubens et Fragonard.

La collection provient de la fondation des sœurs Putnam, arrivées à San Diego au début du XXᵉ siècle.

Mingei International Museum ★ [13]

8$; mar-dim 10h à 16h; 1439 El Prado, 619-239-0003, www.mingei.org

Le Mingei International Museum tire son nom du mot japonais *mingei*, qui signifie «art du monde», en référence à l'art qui ressort des habitudes de vie des peuples et qui se cachent sous les simples objets usuels des différents peuples du monde à travers les âges. Certaines des nombreuses pièces présentées sont de véritables chefs-d'œuvre.

The Old Globe [14]

1363 Old Globe Way, 619-234-5623, www.oldglobe.org

La culture est bien représentée dans le parc grâce, entre autres, à

1

Balboa Park

l'Old Globe, qui présente de nombreuses productions théâtrales de qualité tout au long de l'année.

Spreckels Organ Pavilion ★★ [15]
619-702-8138, www.sosorgan.com

Le Spreckels Organ Pavilion abrite un orgue extérieur qui compte parmi les plus imposants au monde. L'orgue a été offert en cadeau à la Ville de San Diego par John D. et Adolph Spreckels, en 1914, à l'occasion de la venue à San Diego de la Panama-California Exposition l'année suivante. Une magnifique voûte ornementée protège et met en valeur cet instrument unique et ses 4 500 tuyaux. Des concerts gratuits sont donnés toute l'année le dimanche de 14h à 15h.

San Diego Aerospace Museum ★ [16]
adultes 18$, enfants 3 à 11 ans 7$; tlj 10h à 16h; 2001 Pan American Plaza, 619-234-8291, www.sandiegoairandspace.org

Le San Diego Aerospace Museum permet d'en savoir plus sur l'industrie de l'aviation qui a joué un rôle important dans le développement de San Diego. De l'aéronef des frères Wright à la navette spatiale, on peut y voir une soixantaine d'appareils. Une section du musée honore la mémoire des ingénieurs, pilotes et des compagnies aériennes qui ont marqué l'histoire.

San Diego Hall of Champions [17]
8$; tlj 10h à 16h30; 2131 Pan American Plaza, 619-234-2544, www.sdhoc.com

Plus imposant musée du genre aux États-Unis, le Hall of Champions présente, sur trois étages, des reliques

1. Spreckels Organ Pavilion.

2. San Diego Aerospace Museum.

du monde du sport. La collection plaira particulièrement aux fans des Padres (baseball) et des Chargers (football américain) de San Diego, bien représentés dans le musée.

San Diego Automotive Museum [18]
adultes 8,50$, enfants 6 à 15 ans 4$; tlj 10h à 17h; 2080 Pan American Plaza, 619-231-2886, www.sdautomuseum.org

Pour les amateurs de voitures, le San Diego Automotive Museum présente quelque 80 automobiles de collection. L'idée d'ouvrir ce musée revient à Briggs Cunningham, un collectionneur passionné.

Centro Cultural de la Raza [19]
dons appréciés; mar-dim 12h à 16h; 2004 Park Blvd., 619-235-6135, www.centroculturaldelaraza.com

Le Centro Cultural de la Raza est dédié à la promotion et la préservation de la culture amérindienne et mexicaine. La peinture murale très colorée qui couvre le mur du bâtiment incite le passant à venir voir l'endroit de plus près. On y découvre une exposition, une petite librairie et une salle de spectacle.

WorldBeat Center ★ [20]
2100 Park Blvd., 619-230-1190, www.worldbeatcenter.org

Créé en l'honneur du Dr. Martin Luther King Jr., le WorldBeat Center s'est donné comme objectif de promouvoir la culture afro-américaine et la tolérance raciale. Expositions thématiques et manifestations artistiques y sont régulièrement à l'affiche. L'endroit sert aussi de local pour les petits organismes et les artistes.

Spanish Village Art Center.

San Diego Zoo ★★★ [21]

46$, enfants 3 à 11 ans 36$, différents forfaits donnant accès à plusieurs activités et au San Diego Zoo Safari Park (voir p. 113) sont aussi proposés; fin juin à début sept tlj 9h à 21h, reste de l'année tlj 9h à 17h; 2920 Zoo Dr., 619-231-1515, www.sandiegozoo.org

Créé en 1916 avec à peine une cinquantaine d'animaux, le zoo s'étend maintenant sur 40 ha et accueille plus de 4 000 animaux de 800 espèces différentes. Il est reconnu pour avoir su recréer l'habitat des animaux par souci de leur bien-être. On y dénombre d'ailleurs près de 6 500 espèces de plantes provenant du monde entier dont certaines servent à nourrir les animaux, comme le bambou, l'eucalyptus et l'acacia. Le zoo jouit aussi d'une fort bonne réputation pour son programme de naissances en captivité et de préservation des espèces menacées, comme les tortues des Galápagos, les koalas, les gorilles et les pandas.

Balboa Park Carrousel [22]

2,50$; mi-juin à sept tlj 11h à 18h, sept à mi-juin sam-dim 11h à 17h

Un magnifique carrousel construit en 1910 par Hershell-Spillman, une entreprise de l'État de New York, trône à l'entrée du zoo. Il vaut le coup d'œil.

Balboa Park Miniature Railroad [23]

3$; sept à avr sam-dim 11h à 16h30, mai à sept tlj 11h à 17h

Non loin du carrousel, le Miniature Railroad offre des balades de trois minutes à travers une partie du Balboa Park, ce qui plaira sûrement aux enfants. Cette pièce de collection a été introduite dans le parc en 1948.

San Diego Junior Theatre [24]
1650 El Prado, 619-239-8355,
www.juniortheatre.com

Fondé il y a plus de 50 ans, le San Diego Junior Theatre permet aux enfants de laisser libre cours à leur créativité à travers l'expression théâtrale. Plusieurs productions sont présentées aux jeunes publics chaque année.

Cafés et restos

(voir carte p. 81)

The Prado at Balboa Park
$$$-$$$$ [25]
House of Hospitality, 1549 El Prado,
619-557-9441, www.pradobalboa.com

Le Prado est l'un des seuls restaurants, autres que les comptoirs de restauration rapide, à s'être installés dans le Balboa Park. Il s'adresse autant à la clientèle touristique familiale qu'à une clientèle locale en quête d'un peu plus de raffinement. Le menu se compose aussi bien de spécialités mexicaines que de mets asiatiques ou italiens, mais, quel que soit votre choix, il est impératif de goûter aux desserts qui font la renommée du Prado.

Urban Solace $-$$$ [26]
3823 30th St., 619-295-6464,
www.urbansolace.net

Situé au nord-est du Balboa Park dans le quartier branché de North Park, ce sympathique resto-bar sert essentiellement des plats de viandes grillées et de fruits de mer, toujours en portant une grande attention à la qualité des produits. Large sélection de cocktails et de vins locaux.

Salles de spectacle

(voir carte p. 81)

The Old Globe [27]
1363 Old Globe Way, 619-231-1941,
www.theglobetheatres.org

Comptant trois salles de spectacle, le magnifique Old Globe est l'un des plus anciens théâtres de la Californie et le plus grand de la ville. On y présente à longueur d'année une grande variété de pièces.

Lèche-vitrine

(voir carte p. 81)

Art et artisanat

Spanish Village Art Center [29]
tlj 11h à 16h; 619-233-9050,
www.spanishvillageart.com

Le Spanish Village Art Center, situé à l'extrémité nord-est du parc, derrière le Museum of Man (California Tower), constitue un arrêt obligatoire. Il s'agit sans doute d'un des meilleurs établissements pour dénicher des œuvres d'art et de l'artisanat local.

Cadeaux et souvenirs

Museum of Photographic Arts [28]
1649 El Prado, 619-238-7559, www.mopa.org;
voir p. 79

La boutique du captivant Museum of Photographic Arts vous invite à découvrir une sélection passionnante de livres consacrés à la photo ainsi que des cartes postales présentant les œuvres exposées.

Balboa Park

6 ↘

Point Loma

À voir, à faire

(voir carte p. 93)

Point Loma ★ est une péninsule d'une beauté exceptionnelle. Ses falaises, qui peuvent atteindre près de 200 m, ajoutent au charme de l'endroit. On s'y rend en grand nombre pour l'observation des baleines (de la mi-décembre à février), mais aussi pour le Cabrillo National Monument.

Pour vous rendre à Point Loma en voiture à partir du centre-ville de San Diego (comptez environ 20 min), prenez l'autoroute 5 vers le nord jusqu'à la sortie pour Hawthorne Street. Tournez à droite dans North Harbor Drive puis à gauche dans Rosecrans Street, qui mène à Point Loma.

Shelter Island ★ [1]

Située sur la côte est de la péninsule de Point Loma, Shelter Island n'est pas une île, mais plutôt une toute petite presqu'île qui s'avance dans la baie de San Diego. Longue d'à peu près 2 km, elle offre un point de vue magnifique sur le centre-ville de San Diego et, grâce à son vaste terrain gazonné, constitue un excellent site pour pique-niquer tranquillement et s'amuser en famille.

Fort Rosecrans National Cemetery [2]

lun-ven 8h à 16h30, sam-dim 9h30 à 17h; Cabrillo Memorial Dr.

En poursuivant votre chemin vers le sud, avant d'arriver au bout de Point Loma, vous apercevrez à votre droite un immense cimetière de 30 ha où s'alignent d'innombrables pierres blanches identiques. Il s'agit du Fort Rosecrans National Cemetery, où

Cabrillo National Monument.

Point Loma

plus de 49 000 militaires américains et leurs familles reposent.

Cabrillo National Monument ★★★ [3]

5$/véhicule, 3$/piéton ou cycliste; tlj 9h à 17h; 619-557-5450, www.nps.gov/cabr

Le Cabrillo National Monument, qui se dresse fièrement sur le plus haut point de Point Loma, commémore l'arrivée de l'explorateur Juan Rodríguez Cabrillo en 1542 (voir l'encadré p. 95). La statue de plus de 4 m, œuvre qui fut complétée en 1939 par le Portugais Alvaro DeBree, figure parmi les attraits de la ville la plus souvent photographiés. De ce point d'observation, vous aurez l'une des plus belles vues de tout le comté.

Situé à l'extrémité sud de la péninsule, le **Cabrillo National Monument Visitor Center** *(1800 Cabrillo Memorial Dr.)* est sans aucun doute le meilleur endroit où commencer votre visite. En plus d'y recueillir de l'information, vous pourrez y voir une petite exposition ou assister à la projection d'un film sur ce parc national. Le panorama que l'on peut admirer à travers d'immenses baies vitrées est impressionnant. La boutique, au centre de la place, propose plusieurs livres de référence intéressants ainsi que de multiples objets-souvenirs.

Empruntez maintenant le chemin menant à l'Old Point Loma Lighthouse en suivant les indications.

Old Point Loma Lighthouse ★ [4]

tlj 9h à 17h; Cabrillo National Monument

En 1851, la U.S. Coastal Survey choisit un promontoire situé à 129 m au-dessus de la mer pour installer

Point Loma

Fort Rosecrans National Cemetery.

À voir, à faire ★

1.	CW	Shelter Island
2.	AY	Fort Rosecrans National Cemetery
3.	BZ	Cabrillo National Monument
4.	BZ	Old Point Loma Lighthouse
5.	BZ	Whale Overlook

Cafés et restos ●

6.	BV	Brigantine Seafood
7.	BV	Marvelous Muffins Bakery Cafe
8.	BV	The Pearl

Salles de spectacle ◆

9.	CW	Humphreys Concerts by the Bay

Hébergement ▲

10.	AV	Ocean Villa Inn
11.	BV	The Pearl Hotel

©ULYSSE

Old Point Loma Lighthouse.

Point Loma

ce phare. La construction débuta quelques années plus tard et se termina en 1854. Mais le phare s'avéra finalement peu utile, car il était difficile d'apercevoir sa lumière par épais brouillard, un phénomène commun à cet endroit. En mars 1891, le gardien éteignit définitivement sa lumière. Plus d'un siècle plus tard, cette sentinelle d'un passé révolu est toujours debout et accueille les visiteurs curieux. L'intérieur a été préservé tel qu'il était à l'époque où le gardien y habitait avec sa famille.

Rendez-vous maintenant au deuxième point d'observation, dénommé Whale Overlook.

Whale Overlook ★ [5]

Le Whale Overlook est un point d'observation qui permet d'appré-

cier, surtout en décembre et février, la migration des baleines grises. À certains moments, jusqu'à 200 baleines passent par ce point. Il s'agit du meilleur endroit pour les apercevoir de la côte.

Cafés et restos

(voir carte p. 93)

Marvelous Muffins Bakery Cafe $ [7]

tlj 5h à 13h; 2907 Shelter Island Dr., Shelter Island, 619-223-0403

Idéal pour un petit déjeuner sur le pouce, cet établissement installé dans un bâtiment à l'architecture agréable a pour spécialité les muffins grand format faits sur place et vendus à bon prix. Le menu affiche également divers types de cafés et des croissants en sandwichs. Convient parfaitement aux lève-tôt.

Qui était Cabrillo?

On sait très peu de chose sur les jeunes années de Juan Rodríguez Cabrillo. C'est en 1519, quand son nom apparaît dans les registres des conquistadors qui ont servi l'armée espagnole, qu'on en apprend un peu plus sur l'homme.

Après avoir participé à la bataille contre les Aztèques, Cabrillo joindra les expéditions militaires pour découvrir ce qui est aujourd'hui le sud du Mexique, le Guatemala et le El Salvador. Cabrillo s'installa au Guatemala sur une terre qui lui fut offerte par le roi d'Espagne et devint éventuellement constructeur de navires. En 1532, il retourna en Espagne, où il rencontra Beatriz Sánchez de Ortega. Ils se marièrent et retournèrent vivre au Guatemala, où ils eurent deux garçons.

Pendant que sa famille grandissait, l'entreprise de Cabrillo florissait. Il faisait aussi l'import-export entre le Guatemala, l'Espagne et d'autres parties du Nouveau Monde. Les bateaux utilisés pour son commerce étaient construits par sa propre entreprise. Plusieurs de ces vaisseaux ont aussi joué un rôle important dans les efforts d'exploration du Pacifique par la puissance espagnole.

En 1542, le gouverneur du Guatemala, Pedro de Alvarado, choisit Cabrillo pour ses qualités de leader et d'entrepreneur afin qu'il construise un vaisseau et dirige une expédition pour explorer le Pacifique. Cabrillo acceptera et découvrira quelques mois plus tard la baie de San Diego.

Point Loma

Brigantine Seafood *$-$$$* [6]
lun-sam dès 11h30; 2725 Shelter Island Dr., Shelter Island, 619-224-2871, www.brigantine.com

Si vous avez envie d'un plat de fruits de mer ou d'un de ces *tacos* au poisson si populaires dans le sud de la Californie, rendez-vous au Brigantine Seafood. Située à l'étage, la grande salle à manger est constituée d'une section ouverte seulement en soirée et d'une sec-

Point Loma

The Pearl.

tion «buffet d'huîtres» (*oyster bar*) ouverte dès l'heure du midi. L'espadon grillé est la spécialité de la maison.

The Pearl *$$-$$$* [8]
The Pearl Hotel, 1410 Rosecrans Blvd., 619-226-6100, www.thepearlsd.com
Le resto-bar de l'hôtel **The Pearl** (voir p. 132) est fréquenté par une jeune et dynamique clientèle locale. Sous la tutelle d'un chef inventif, le menu affiche une cuisine californienne conçue à partir de produits frais du marché et très souvent biologiques. Un bon endroit pour déguster un cocktail à l'heure de l'apéro.

Salles de spectacle
(voir carte p. 93)

Humphreys Concerts by the Bay [9]
2241 Shelter Island Dr., Shelter Island, 619-224-3577 ou 800-745-3000, www.humphreysconcerts.com
Établi au sein du complexe hôtelier d'inspiration tropicale Humphreys Half Moon Inn & Suites, Humphreys Concerts by the Bay reçoit de grands noms de la chanson d'hier et d'aujourd'hui dans son amphithéâtre extérieur d'avril à octobre. L'ex-Beatle Ringo Starr, Elvis Costello, Willie Nelson et Tony Bennett figurent parmi les artistes qui ont foulé ses planches.

7 ↘

Mission Bay Park, Mission Beach et Pacific Beach

À voir, à faire

(voir carte p. 99)

Mission Bay Park ★★

Le Mission Bay Park est un immense terrain de jeu, un paradis pour la natation, la voile, la pêche, la navigation, la planche à voile et le ski nautique. Il s'agit aussi d'un endroit idéal pour le vélo, le golf, la marche ou les pique-niques. Plusieurs grands complexes hôteliers et de nombreux restaurants y ont élu domicile. Toutefois, ce qui fait la renommée de l'endroit est sans contredit le célèbre parc d'attractions SeaWorld.

SeaWorld ★★★ [1]

adultes 84$, enfants 3 à 9 ans 78$, stationnement 15$; début sept à mi-juin ouverture à 10h, mi-juin à début sept ouverture à 9h, les heures de fermeture varient;

500 SeaWorld Dr., 619-226-3901 ou 800-257-4268, www.seaworld.com

Pour les familles, s'il y avait un parc récréatif à choisir parmi les nombreux qui se trouvent à San Diego, SeaWorld se retrouverait en tête de liste. L'attraction la plus connue du parc est le spectacle des orques, **Shamu Show: Believe**. Le spectacle des dauphins, **Dolphin Discovery**, est tout aussi divertissant. À quelques pas du pavillon qui abrite le Wild Artic, les visiteurs ont l'occasion de visiter un pavillon où se trouve un grand tunnel de verre sous l'eau, avec des requins: **Shark Encounter**.

Mission Beach

Si vous vous demandez où trouver ces fameux surfeurs blonds au corps sculptural et les splendides

Mission Bay Park, Mission Beach et Pacific Beach

SeaWorld.

À voir, à faire ★

Mission Bay Park
1. CZ SeaWorld/*Shamu Show : Believe/ Dolphin Discovery/Shark Encounter*

Mission Beach
2. AY Promenade
3. AY Belmont Park

Pacific Beach
4. AW Garnet Avenue
5. AW Grand Avenue
6. AW Crystal Pier

Cafés et restos ●

7. AW Cafe 976
8. AW Firehouse American Eatery + Lounge
9. AX The Mission

Bars et boîtes de nuit ☽

10. AW JRDN Lounge + Raw Bar
11. AW Moondoggies

Lèche-vitrine ■

12. AX Gone Bananas Beachwear
13. CZ Kobey's Swap Meet

Hébergement ▲

14. AX Catamaran Resort Hotel and Spa

1

California Girls des téléséries américaines, ne cherchez plus car c'est sur les plages de Mission Beach et de Pacific Beach qu'on les aperçoit. Ils déambulent sur la **promenade** ★★ [2] qui relie ces deux quartiers riverains, jouent au volley-ball ou prennent du soleil entre deux séances de surf.

Belmont Park ★ [3]

26,95$ pour les visiteurs mesurant 122 cm et plus, 15,95$ pour les moins de 122 cm; tlj dès 11h, les heures de fermeture varient; 3146 Mission Blvd., 858-228-9283, www.belmontpark.com

Les montagnes russes sont le manège principal du Belmont Park, jadis connu sous le nom de Belmont Giant Dipper, qui propose aussi des autos tamponneuses et des manèges pour les plus petits.

Pacific Beach

Comme Mission Beach, Pacific Beach est aussi un joli quartier situé au bord de l'océan où les activités nautiques ainsi que les plaisirs de la plage sont à l'honneur.

Garnet Avenue [4] et Grand Avenue [5]

Garnet Avenue et Grand Avenue sont des avenues très animées de jour comme de soir. Les nombreuses boutiques, les restaurants et les boîtes de nuit sont fortement fréquentés, ce qui en fait un point chaud de la ville, un peu comme le quartier de Gaslamp, mais l'atmosphère y est moins formelle puisque ce sont surtout des jeunes surfeurs qui fréquentent l'endroit.

Crystal Pier [6]

Point de repère de la région depuis 1927, le Crystal Pier est un long

Mission Bay Park, Mission Beach et Pacific Beach

1. Belmont Park.
2. Crystal Pier.

quai s'avançant sur plus de 250 m dans l'océan Pacifique. L'endroit est populaire pour la pêche, et plusieurs surfeurs s'en donnent à cœur joie dans les vagues entourant son imposante structure.

Cafés et restos

(voir carte p. 99)

Cafe 976 $ [7]
976 Felspar St., 858-272-0976,
www.cafe976.com

Installé dans une maison centenaire à quelques rues de la plage de Pacific Beach, ce charmant café au décor éclectique et coloré sert le petit déjeuner et le repas du midi toute la journée. Son grand balcon transformé en terrasse et son jardin fleuri aux allures champêtres sont très appréciés des convives.

The Mission $ [9]
tlj 7h à 15h; 3795 Mission Blvd., 858-488-9060,
www.themissionsd.com

Ne laissez pas la file d'attente vous décourager, car ça vaut la peine d'attendre son tour pour goûter à la cuisine dite «consciencieuse» du restaurant The Mission. Le menu fait une place importante aux déjeuners de type mexicain apprêtés de manière originale. Les portions sont généreuses et les prix fort abordables.

Firehouse American Eatery + Lounge $$ [8]
722 Grand Ave., 858-274-3100,
www.firehousepb.com

Le secteur où se trouve ce café a ce petit quelque chose qui incite à la récréation. Est-ce la proximité de la plage envahie par cette jeunesse en quête de plaisir? Difficile à dire. Mais qu'à cela ne tienne, ce restaurant cadre très bien dans cet esprit.

Immense patio agréable pour les familles.

Bars et boîtes de nuit *(voir carte p. 99)*

JRDN Lounge + Raw Bar [10]
Tower23 Hotel, 723 Felspar St., 858-270-5736, www.t23hotel.com

Le JRDN Lounge + Raw Bar est installé au rez-de-chaussée de l'hôtel Tower23 et a pignon sur la plage. L'endroit est un favori de la clientèle locale et des visiteurs internationaux. La carte des vins est bien étoffée, bien que les *mojitos* demeurent la spécialité de la maison. On y trouve l'une des rares terrasses de la promenade de Pacific Beach.

Moondoggies [11]
832 Garnet Ave., 858-483-6550, www.moondoggies.com

Le Moondoggies, situé près de la plage de Pacific Beach, est dédié au surf. Il est apprécié des habitués, surtout pour l'ambiance particulièrement décontractée qu'il offre. On y vient pour rencontrer des amis, siroter une bière fraîche accompagnée d'un bon repas ou regarder des matchs sur écran.

Lèche-vitrine
(voir carte p. 99)

Mission Beach et Pacific Beach comptent une foule de boutiques, surtout destinées à ceux qui cherchent des vêtements sport, *funky* ou décontractés à prix raisonnables, ou de l'équipement sportif.

JRDN Lounge + Raw Bar.

Maillots de bain

Gone Bananas Beachwear [12]
3785 Mission Blvd., 858-488-4900, www.gonebananasbeachwear.com

Gone Bananas, une boutique spécialisée dans les maillots de bain pour femmes, en propose des centaines du dernier cri, que ce soit des modèles haut de gamme ou des maillots à meilleur prix.

Marché aux puces

Kobey's Swap Meet [13]
1$ ven, 2$ sam-dim; ven-dim 7h à 15h;
3350 Sports Arena Blvd., 619-226-0650, www.kobeyswap.com

Pas très loin au sud de Mission Beach, le Kobey's Swap Meet, un énorme marché aux puces en plein air avec plus de 1 000 kiosques, a lieu toutes les fins de semaine à la Sports Arena.

Mission Bay Park, Mission Beach et Pacific Beach

8 ↘

La Jolla

À voir, à faire

(voir carte p. 105)

À environ 20 min en voiture de San Diego par l'autoroute 5 (ou 60 min par le bus nº 30) se trouve la coquette et cossue petite ville de **La Jolla ★★★**, dont le nom espagnol signifie «le joyau». Elle figure parmi ces petites villes qui furent construites dans les années 1940 pour accueillir les militaires de plus en plus nombreux dans la région.

De San Diego, suivez l'autoroute 5 en direction de Los Angeles et prenez la sortie pour La Jolla. Empruntez Torrey Pines Road puis Prospect Street. Stationnez votre voiture dans Prospect Street à proximité du Museum of Contemporary Art San Diego.

Museum of Contemporary Art San Diego ★★★ [1]
10$, entrée libre le 3ᵉ jeudi du mois dès 17h; jeu-mar 11h à 17h, 3ᵉ jeudi du mois jusqu'à 19h; 700 Prospect St., 858-454-3541, www.mcasd.org

La visite de La Jolla débute au Museum of Contemporary Art San Diego. Ce musée de réputation internationale, installé dans un magnifique bâtiment immaculé, propose aux visiteurs un bel espace d'exposition pour admirer ses pièces de collection. Plusieurs artistes californiens y exposent leurs œuvres. Terminez votre visite en beauté à la boutique du musée, qui offre une excellente sélection d'objets et de livres de référence. Une annexe (voir p. 36) du musée se trouve à San Diego même.

Juste à côté du musée se trouve ce qu'on surnomme la Children's Pool.

Children's Pool [2]
La Children's Pool est une petite baie fermée par un embarcadère. La philanthrope Ellen Scripps la donna à la municipalité pour permettre aux enfants d'avoir un coin sécuritaire pour se baigner. On peut fréquemment y apercevoir des phoques et des lions de mer.

Revenez vers Prospect Street et tournez à gauche.

La Jolla

La Jolla

À voir, à faire ★

1. AY Museum of Contemporary Art San Diego
2. AY Children's Pool
3. AY Prospect Street
4. AY Girard Avenue
5. AY Athenæum Music & Arts Library
6. AX La Jolla Cove
7. BW Birch Aquarium at Scripps
8. CW University of California, San Diego/Geisel Library
9. CV Salk Institute for Biological Study
10. CV Torrey Pines Golf Course
11. CV Torrey Pines State Natural Reserve

Cafés et restos ●

12. CV A.R. Valentien
13. AY Cody's La Jolla
14. AY Come On In Cafe & Bakery
15. AY George's at the Cove
16. AY Herringbone
17. AY La Dolce Vita Ristorante
18. AY Mission Coffee Cup
19. AY Nine-Ten Restaurant and Bar
20. CV The Grill & Bar At The Lodge at Torrey Pines

Bars et boîtes de nuit ☽

21. AY George's Bar
22. CV The Grill & Bar At The Lodge at Torrey Pines

Salles de spectacle ◆

23. CW La Jolla Playhouse

Lèche-vitrine ■

24. AY Mangelsen Image of Nature Gallery
25. AY Museum of Contemporary Art X Store
26. CV Spa at Torrey Pines
27. AY Tijon Parfumerie
28. CW Westfield UTC

Hébergement ▲

29. CV Hilton La Jolla Torrey Pines
30. AY The Grande Colonial
31. CV The Lodge at Torrey Pines

Prospect Street [3] et Girard Avenue [4]

Prospect Street et Girard Avenue sont les deux artères principales où l'on rencontre le plus de commerces dans la ville. Les boutiques distinguées et originales y côtoient des restaurants en tous genres.

Athenæum Music & Arts Library [5]

entrée libre; mar et jeu-sam 10h à 17h30, mer 10h à 20h30; 1008 Wall St., 858-454-5872, www.ljathenaeum.org

Située dans une rue perpendiculaire à Girard Avenue, l'Athenæum Music & Arts Library propose des exposi-

La Jolla

1. La Jolla Cove.
2. Geisel Library.

tions sur l'art contemporain et sur des sujets qui touchent à la fois la musique et la littérature.

Continuez par Girard Avenue pour atteindre Coast Boulevard. Si vous êtes en voiture, vous trouverez, à l'extrémité, une aire de stationnement qui est toutefois souvent très achalandée.

La Jolla Cove [6]

La Jolla Cove est une plage populaire pour la baignade et la plongée-tuba (l'eau y est très claire). C'est aussi la résidence principale des phoques, des lions de mer et des pélicans qui s'agglutinent sur les rochers.

On vous recommande pour la suite de la visite d'utiliser votre voiture. Prenez Prospect Drive, Torrey Pines Road et La Jolla Shores Drive. Tour-nez à gauche dans Expedition Way. Vous verrez des indications qui vous mèneront au Birch Aquarium at Scripps.

Birch Aquarium at Scripps ★★ [7]

adultes 17$, 13 à 17 ans 14$, enfants 3 à 12 ans 12,50$; tlj 9h à 17h; 2300 Expedition Way, 858-534-3474, www.aquarium.ucsd.edu

Le Birch Aquarium at Scripps fait partie de l'Université de Californie à San Diego. Sa mission se résume en trois points : éduquer, faire de la recherche et promouvoir la conservation des océans. Il s'agit d'un endroit incontournable pour en savoir plus sur la vie marine de la côte californienne, mais aussi sur l'ensemble des océans. Vous apercevrez dès votre arrivée à l'Aquarium les magnifiques statues de bronze de l'entrée représentant des baleines grises.

University of California, San Diego [8]

9500 Gilman Dr., 858-534-2230, www.ucsd.edu

L'University of California, San Diego (UCSD) compte près de 30 000 étudiants. On y trouve des facultés d'art, de médecine, d'informatique et le Scripps Institute of Oceanography. Vous pouvez déambuler tranquillement à travers le campus, en voiture ou à pied, pour tâter le pouls de la vie universitaire. Il ne faut surtout pas oublier d'aller voir le bâtiment unique qui abrite la **Geisel Library** ★. Vous ne pourrez pas le manquer tellement il est imposant. L'architecte qui l'a conçu, William Pereira, a voulu représenter dans l'abstrait des mains solides et fortes soulevant une masse de savoir.

Le Salk Institute est situé entre la California University et l'océan Pacifique. Il faut prendre North Torrey Pines Road; l'institut se trouve à gauche. Sur place, il y a une aire de stationnement pour les visiteurs.

Salk Institute for Biological Study [9]

10010 N. Torrey Pines Rd., 858-453-4100, www.salk.edu

Situé entre l'université et l'océan Pacifique, le Salk Institute for Biological Study est un institut de recherche privé sans but lucratif. Il accueille des scientifiques qui se consacrent à la recherche en biologie et qui étudient aussi bien l'organisation du cerveau et le contrôle des gènes que les molécules à la base de maladies telles que le cancer ou le sida. Des tours guidés sont organisés en semaine à 11h45.

Poursuivez sur North Torrey Pines Road, où se trouvent le Torrey Pines Golf Course et, un peu plus loin, la Torrey Pines State Natural Reserve.

Torrey Pines State Natural Reserve.

La Jolla

Torrey Pines Golf Course [10]
réservation 43$ plus droit de jeu à compter de 60$; 11480 N. Torrey Pines Rd., 858-452-3226 ou 877-581-7171, www.sandiego.gov/park-and-recreation/golf/torreypines/

Le golf à San Diego, comme dans beaucoup d'endroits en Californie, est l'un des sports les plus populaires, et l'on y trouve évidemment de très bons terrains. Le plus réputé est probablement le célèbre Torrey Pines Golf Course, un parcours de classe internationale sur fond d'océan. Il faut toutefois réserver son départ au moins huit jours à l'avance.

Torrey Pines State Natural Reserve ★★ [11]
entrée libre, stationnement 12$ à 15$; 12500 N. Torrey Pines Rd., 858-755-2063, www.torreypine.org

La Torrey Pines State Natural Reserve offre de magnifiques points de vue sur le Pacifique. Ses 13 km de sentiers pour la randonnée sont très appréciés des marcheurs. Il est possible de s'y baigner. À noter que quelques places de stationnement sont disponibles gratuitement avant l'entrée du parc.

Cafés et restos
(voir carte p. 105)

Cody's La Jolla *$-$$* [13]
8030 Girard Ave., 858-459-0040, www.codyslj.com

Situé dans une petite rue menant vers la plage, ce café décontracté est installé dans une charmante maison de bois des années 1920, toute peinte en jaune. On y trouve un menu varié de petits déjeuners et de repas du midi servis jusqu'à 15h. On apprécie particulièrement sa terrasse en paliers qui borde trois côtés de l'établissement. La spécialité de la maison est sans contredit les *French toasts* (pain perdu), serties de fraises fraîches et de noix caramélisées.

Come On In Cafe & Bakery
$-$$ [14]
lun-ven 7h à 21h30, sam 8h à 21h30, dim 8h à 15h30; 1030-B Torrey Pines Rd., 858-551-1063, www.comeonincafe.com

Ce très sympathique petit café est toujours plein, et vous comprendrez très vite pourquoi quand on vous apportera votre assiette. Les portions sont généreuses, les produits sont frais, et les plats sont très bien apprêtés, alors que les prix sont plus que raisonnables.

Mission Coffee Cup $-$$
[18]
1109 Wall St., 858-551-8514

Le Mission Coffee Cup est un petit resto sympathique lové au cœur de La Jolla. On y sert le petit déjeuner et le déjeuner seulement. Sa clientèle d'habitués est surtout composée de surfeurs. On leur suggère d'ailleurs un menu fait sur mesure pour les combler d'énergie, question de bien commencer leur journée de surf, avec des combinaisons alimentaires à forte teneur en protéines.

The Grill & Bar at The Lodge at Torrey Pines $$ [20]
The Lodge at Torrey Pines, 11480 N. Torrey Pines Rd., 858-777-6641, www.lodgetorreypines.com

Ce petit resto-bar bordé d'une grande terrasse propose des mets américains pour tous les repas de la journée, dans un décor sobre et accueillant. Cuisine à aire ouverte.

La Dolce Vita Ristorante
$$-$$$ [17]
1237 Prospect St., 858-454-2524, www.ladolcevitaristorante.com

Si vous avez envie de cuisine italienne, sachez que ce sympathique petit restaurant, un peu à l'écart, offre un choix alléchant de pizzas, de plats de pâtes ou de viande à prix raisonnables. Le midi, les *panini* volent la vedette.

Herringbone $$$ [16]
7837 Herschel Ave., 858-459-0221, www.herringboneeats.com

Ce qui impressionne avant tout, c'est la beauté du décor de ce restaurant, notamment la grande salle à manger qui abrite quatre majestueux oliviers centenaires. Issu de la créativité du chef Brian Marlakey, aussi à la barre du **Searsucker** (p. 43), le menu du Herringbone se concentre davantage sur les plats de poisson et de fruits de mer. Salades et sandwichs chauds sont proposés le midi, et l'endroit bénéficie également d'un petit bar fort populaire à l'heure de l'apéro. Seule ombre au tableau, les chaises en métal s'avèrent plus ou moins confortables.

Nine-Ten Restaurant and Bar
$$$-$$$$ [19]
Grande Colonial, 910 Prospect Ave., 858-964-5400, www.nine-ten.com

Le restaurant de l'hôtel **Grande Colonial** (voir p. 133) est considé-

La Jolla

ré comme l'une des bonnes tables de La Jolla. Reconnu pour sa carte des vins, il abrite un grand cellier qui fait d'ailleurs partie intégrante de son décor moderne. On y sert les trois repas de la journée, ainsi que le brunch le dimanche. Les viandes et les poissons sont à l'honneur, bien que le menu comporte également des plats végétariens.

❀ **A.R. Valentien** $$$$ [12]
The Lodge at Torrey Pines, 11480 N. Torrey Pines Rd., 858-777-6635, www.arvalentien.com

Portez attention aux peintures qui ornent les murs de ce restaurant, puisqu'elles sont l'œuvre de l'artiste A.R. Valentien, qui fut engagé en 1908 par une riche philanthrope américaine pour peindre la nature californienne. Nature qu'on retrouve également dans les aliments frais qui sont au cœur de la cuisine du réputé chef Jeff Jackson. Son menu gastronomique évolue au fil des arrivages et est servi dans une ambiance chic et relaxante, avec vue sur le magnifique **Torrey Pines Golf Course** (voir p. 108).

❀ **George's at the Cove** $$$$ [15]
1250 Prospect St., 858-454-4244, www.georgesatthecove.com

Romantique à souhait, voilà un des meilleurs restaurants de la région de San Diego en ce qui concerne la vue sur l'océan. Combiné à un service de classe, à un menu gastronomique sans faille et à une carte des vins élaborée, pas surprenant que

cet établissement soit fréquenté par le jet-set de la ville.

Bars et boîtes de nuit *(voir carte p. 105)*

George's Bar [21]
George's at the Cove, 1250 Prospect St., 858-454-4244, www.georgesatthecove.com

L'excellent restaurant gastronomique George's at the Cove est aussi réputé pour sa terrasse à l'étage. On peut y siroter l'apéro en admirant un coucher de soleil sur l'océan Pacifique. Vraiment l'un des meilleurs établissements en ville pour prendre un verre. Grande sélection de vins.

The Grill & Bar at The Lodge at Torrey Pines $$ [22]
The Lodge at Torrey Pines, 11480 N. Torrey Pines Rd., 858-777-6641, www.lodgeattorreypines.com

Le resto-bar du Lodge at Torrey Pines sert des bières des microbrasseries de la région ainsi que le fameux hamburger de type *drugstore* qui fait la réputation de l'établissement. Les golfeurs s'y rassemblent après leur partie sur le prestigieux terrain de Torrey Pines.

Salles de spectacle
(voir carte p. 105)

La Jolla Playhouse [23]
2910 La Jolla Village Dr., 858-550-1010, www.lajollaplayhouse.com

Situé sur le campus de l'Université de Californie à San Diego (UCSD),

La Jolla

A.R. Valentien.

La Jolla Playhouse est l'un des théâtres les plus prestigieux des États-Unis.

Lèche-vitrine

(voir carte p. 105)

Réparties le long des rues principales (Prospect Street, The Coast Walk, Girard Avenue, Pearl Street, Fay Avenue et La Jolla Boulevard), plusieurs galeries d'art et boutiques de renom présentent des produits de grande qualité qui plairont à ceux qui recherchent une certaine distinction.

Centre commercial

Westfield UTC [28]
4545 La Jolla Village Dr., 858-546-8858, www.westfield.com/utc
Dans un environnement agrémenté d'arrangements floraux, de fontaines et d'une promenade extérieure centrale, Westfield UTC compte plus de 150 commerces dont plusieurs grands noms puisque vous êtes dans le quartier huppé de San Diego. On y découvre aussi plusieurs restaurants et même une patinoire.

Galerie d'art

Mangelsen Image of Nature Gallery [24]
7916 Girard Ave., 858-551-9553 ou 888-238-0285, www.mangelsen.com
Vous devez absolument vous arrêter à cette galerie qui expose les œuvres d'un des plus grands photographes de nature au monde. Thomas Mangelsen a une façon unique de saisir la splendeur de la faune, de la flore et des grands espaces. On peut admirer ses photos dans les plus grands magazines, comme

Spa at Torrey Pines.

National Geographic, ainsi que dans plusieurs musées des États-Unis, du Canada et de l'Europe.

Cadeaux et souvenirs

Museum of Contemporary Art X Store [25]
Museum of Contemporary Art San Diego, 700 Prospect St., 858-454-3541, www.mcasd.org

Cette boutique offre une grande sélection de livres consacrés à l'art contemporain. On y retrouve aussi d'autres objets design très intéressants inspirés de cette forme d'art.

Parfums

Tijon Parfumerie [27]
7853 Herschel Ave., 619-821-8219, www.tijon.com

Pour créer un parfum à votre goût, prenez part à l'une des sessions de formation de une à trois heures qui sont proposées dans le laboratoire situé à l'arrière de cette boutique. Vous pourrez choisir parmi 300 huiles odorantes pour concevoir votre propre fragrance qui sera versée dans un joli flacon.

Soins corporels

Spa at Torrey Pines [26]
The Lodge at Torrey Pines, 11480 N. Torrey Pines Rd., 858-453-4420, www.spatorreypines.com

Ce beau spa peint tout en blanc tranche avec le décor de bois foncé qui prédomine à l'hôtel **The Lodge at Torrey Pines** (voir p. 134). Un décor *feng shui* et une aromathérapie assurent une relaxation maximale. Les massages et les soins du visage font la force des services offerts.

9 ↘

Autour de San Diego

À voir, à faire

(voir carte p. 115)

Prenez l'autoroute 5 en direction nord puis la sortie de Cannon Road et suivez les indications.

Legoland ★★★ [1]
adultes 78$, enfants 3 à 12 ans 68$, stationnement 15$; horaire variable; 1 Legoland Dr., Carlsbad, 760-918-5346, www.legoland.com
Créé par le manufacturier danois de jouets de la marque Lego, Legoland est un énorme terrain de jeu de 50 ha qui réserve une foule de plaisirs et de surprises à toute la famille. Quelque 30 millions de pièces Lego ont été nécessaires pour créer plus de 1 000 modèles réduits qui ornent l'ensemble du parc. Le parc est divisé en plusieurs sections, dont une qui comprend le parc aquatique inauguré en 2010.

À partir de San Diego, prenez l'autoroute 15 en direction nord puis la route 78 vers l'est.

San Diego Zoo Safari Park ★★ [2]
46$, enfants 3 à 11 ans 36$, différents forfaits combinant la visite du San Diego Zoo (voir p. 88) et du Safari Park sont aussi proposés; été tlj 9h à 19h, reste de l'année 9h à 17h ou 18h selon la période;
15500 San Pasqual Valley Rd., Escondido, 760-747-8702, www.sdzsafaripark.org
Cet immense parc zoologique reproduit le plus fidèlement possible l'habitat naturel d'espèces animales provenant d'Asie et d'Afrique. Aujourd'hui, il compte plus de 3 000 animaux représentant 400 espèces. Différentes visites guidées tentent de vous faire vivre l'expérience d'un safari comme si vous y étiez. On trouve de nombreuses autres attractions sur le site qui permettent d'observer de près des condors, des éléphants ou des lions.

Autour de San Diego

Autour de San Diego

San Diego Zoo Safari Park.

À voir, à faire ★

1. AV Legoland

2. CW San Diego Zoo Safari Park

Cafés et restos ●

3. BX Addison

4. BX Amaya

Bars et boîtes de nuit ♪

5. BX Club M

Lèche-vitrine ■

6. AV Legoland

7. CX Viejas Outlet Center

Hébergement ▲

8. BX The Grand Del Mar

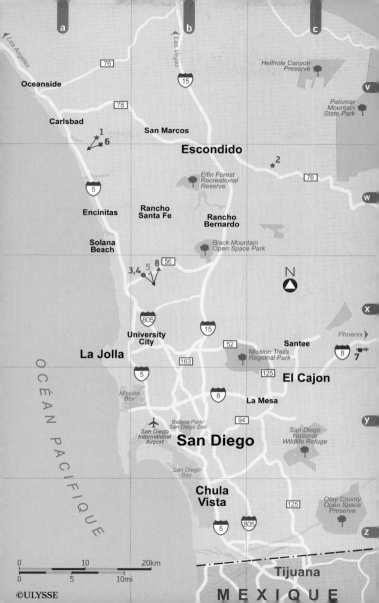

Autour de San Diego

Amaya.

(voir p. 134), l'Addison baigne dans un décor d'inspiration méditerranéenne tout aussi luxueux que l'hôtel, avec son grand hall, son foyer et sa somptueuse salle à manger.

Amaya $$$-$$$$ [4]

The Grand Del Mar, 5300 Grand Del Mar Court, Carmel Valley, 858-314-2727, www.thegranddelmar.com

Établi dans le très luxueux hôtel **The Grand Del Mar** (voir p. 134), Amaya sait profiter du splendide environnement de Carmel Valley. Sa grande terrasse abritée offre une vue magnifique sur le domaine aménagé de l'hôtel et sur les vallons sauvages environnants. Son superbe décor méditerranéen convient parfaitement à un repas romantique, tandis que sa cuisine californienne fraîche exprime les saveurs du Pacifique sur des notes toscanes. On y sert tous les repas de la journée, et même un menu *intermezzo* à déguster entre le déjeuner et le dîner.

Restaurants

(voir carte p. 115)

🏅 Addison $$$$ [3]

The Grand Del Mar, 5200 Grand Del Mar Way, Carmel Valley, 858-314-1900, www.addisondelmar.com

Lancé avec fanfare en 2006 sous la direction du chef William Bradley, ce restaurant s'est rapidement hissé au sommet des grandes tables de la région de San Diego. Et pour cause, un repas chez Addison s'avère une expérience gastronomique de haut niveau avec sa nouvelle cuisine française inspirée de techniques japonaises, et il en résulte des saveurs bien appuyées, combinées à une présentation toute en finesse. Situé en amont du **Grand Del Mar**

Bars et boîtes de nuit *(voir carte p. 115)*

Club M [5]

The Grand Del Mar, 5200 Grand Del Mar Way, Carmel Valley, 858-314-2700, www.thegranddelmar.com

Adjacente au très réputé restaurant Addison (voir ci-dessus) de l'hôtel **The Grand Del Mar** (voir p. 134), cette petite boîte de nuit a tout

Club M.

ce qu'il faut pour une soirée réussie : une piste de danse qui s'anime les soirs de week-end au son de la musique de DJ réputés, une grande terrasse sertie de lampes à infrarouge et un espace bar où l'on sert de petites bouchées et une variété de cocktails, le tout dans un décor magnifique.

Lèche-vitrine

(voir carte p. 115)

Centre commercial

Viejas Outlet Center [7]
5005 Willows Rd., Alpine, 619-659-2070,
www.shopviejas.com
Géré par une nation amérindienne, le Viejas Outlet Center abrite des magasins d'usine de 45 manufacturiers et designers de mode parmi les plus connus aux États-Unis. Vous magasinerez dans un cadre spectaculaire comportant des fontaines, une végétation abondante, des formations rocheuses et un décor d'inspiration autochtone, le tout intégré à une architecture d'adobe.

Jeux et jouets

Legoland [6]
1 Legoland Dr., Carlsbad, 760-918-5346,
www.legoland.com
L'enfant est roi à Legoland, dont les commerces proposent naturellement des articles spécialement conçus pour lui. En fait, vous y trouverez tous les ensembles Lego possibles et imaginables.

san diego
pratique

↘

Avions et gratte-ciel

Si vous voyagez par avion, un élément vous surprendra dès votre arrivée à San Diego. À l'atterrissage, vous aurez l'impression de raser les gratte-ciel en raison de la proximité du centre-ville qui se trouve à moins de 6 km, ce qui risque de vous donner quelques sueurs froides. Cela explique qu'on ne retrouve pas à San Diego d'immenses gratte-ciel comme dans la majorité des grandes villes américaines. Il est interdit de construire un édifice de plus de 50 étages afin d'éviter les catastrophes aériennes.

Comme si la ville voulait vous rappeler constamment qu'elle fut le berceau de l'aviation américaine, vous entendrez au-dessus de votre tête le vrombissement incessant des avions en phase d'atterrissage ou de décollage.

↖

↘ ## Les formalités

Passeports et visas

Pour entrer aux États-Unis par voie aérienne, les citoyens canadiens ont besoin d'un passeport. S'ils entrent par voie terrestre ou maritime, ils pourront présenter soit leur passeport ou leur «permis de conduire Plus», qui sert à la fois de permis de conduire et de document de voyage.

Les résidents d'une trentaine de pays dont la France, la Belgique et la Suisse, en voyage d'agrément ou d'affaires, n'ont plus besoin d'être en possession d'un visa pour entrer aux États-Unis à condition de:

- avoir un billet d'avion aller-retour;

- présenter un passeport électronique sauf s'ils possèdent un passeport individuel à lecture optique en cours de validité et émis au plus tard le 25 octobre 2005; à défaut, l'obtention d'un visa sera obligatoire;

- projeter un séjour d'au plus 90 jours (le séjour ne peut être prolongé sur place: le visiteur ne

San Diego International Airport.

peut changer de statut, accepter un emploi ou étudier);

- présenter des preuves de solvabilité (carte de crédit, chèques de voyage);

- remplir le formulaire de demande d'exemption de visa (formulaire I-94W) remis par la compagnie de transport pendant le vol.

Le visa est toujours nécessaire pour certaines catégories de voyageurs (étudiants ou visa précédemment refusé).

Depuis janvier 2009, les ressortissants des pays bénéficiaires du Programme d'exemption de visa doivent obtenir une autorisation de séjour avant d'entamer leur voyage aux États-Unis. Afin d'obtenir cette autorisation, les voyageurs éligibles doivent remplir le questionnaire du Système électronique d'autorisation de voyage (ESTA) au moins 72h avant leur déplacement aux États-Unis. Ce formulaire est disponible gratuitement sur le site Internet administré par le U.S. Department of Homeland Security *(https://esta.cbp.dhs.gov/esta/esta.html)*.

⬊ L'arrivée

Par avion

San Diego International Airport

Le **San Diego International Airport** *(3225 N. Harbor Dr., 619-400-2404, www.san.org)*, également connu sous le nom de **Lindbergh Field**, est situé à moins de 5 km au nord-ouest du centre-ville de San Diego. La plupart des grands trans-

San Diego pratique

Union Station.

porteurs aériens font des escales à cet aéroport.

Pour vous rendre au centre-ville, vous avez le choix entre limousines, taxis (comptez une dizaine de dollars), navettes et autobus *(ligne 992; 2,25$; trajet de 15 min, départs environ toutes les 15 min)*. Ils peuvent aussi vous emmener un peu partout dans la région métropolitaine.

Par voiture

Deux routes majeures nord-sud débutant à la frontière canadienne convergent vers San Diego. La I-5 passe par Los Angeles, puis longe la côte du Pacifique vers le sud pendant quelques kilomètres pour rejoindre le Mexique. La I-15 traverse le pays à l'intérieur des terres

en passant par Las Vegas et le Mojave Desert.

La I-8 est une autoroute est-ouest qui se rend à San Diego en longeant la frontière du Mexique et en passant par Yuma, en Arizona. Cependant, si vous avez du temps et que vous venez du nord, sachez que la route 1, qui longe la côte californienne de Leggett à San Juan Capistrano en traversant de petites localités, est beaucoup plus pittoresque.

San Diego est à deux heures et demie de route de Los Angeles.

Par autocar

La compagnie **Greyhound** *(800-231-2222, www.greyhound.com)* dessert la gare d'autocars de **San Diego** *(1313 National Ave., 619-515-1100)*.

San Diego pratique

Par train

Les trains d'**Amtrak** *(800-872-7245, www.amtrak.com)* s'arrêtent à l'**Union Station** *(1050 Kettner Blvd.)*, dans le centre-ville de San Diego. Cette gare est desservie par le *Pacific Surfliner*, qui relie San Luis Obispo à San Diego en passant par Santa Barbara et Los Angeles.

⬎ Le logement

Il y a un peu plus de 40 000 chambres dans le comté de San Diego, de la chambre économique à la luxueuse suite équipée. Le centre-ville ayant connu un boom au cours de la dernière décennie, plusieurs hôtels sont de construction récente. Le prix des chambres est généralement assez élevé, mais notez que les tarifs sont plus bas durant les mois d'hiver.

Location d'appartements

Divers sites Internet proposent de mettre directement en contact les voyageurs avec des résidents de San Diego qui louent une chambre ou un appartement complet, moyennant des frais de service retenus sur le coût de chaque location. Cette option permet de faire de bonnes économies sur le coût de l'hébergement, mais il importe évidemment de demeurer vigilant, notamment en vérifiant les commentaires laissés par d'autres locateurs.

Voici quelques sites qui offrent ce service:

www.airbnb.com
www.homeaway.com
www.roomorama.com

Auberges de jeunesse

Hostelling International San Diego, Downtown *$*
521 Market St., angle Fifth Ave.,
619-525-1531, www.sandiegohostels.org

Hostelling International San Diego, Point Loma *$*
3790 Udall St., 619-223-4778,
www.sandiegohostels.org

USA Hostel San Diego *$*
726 Fifth Ave., 619-232-3100 ou 800-438-8622,
www.usahostels.com/sandiego

Hôtels

Les tarifs indiqués dans ce guide s'appliquent, sauf indication contraire, à une chambre pour deux personnes en haute saison, et ils n'incluent pas les taxes (voir p. 144).

$	moins de 100$
$$	de 101$ à 149$
$$$	de 150$ à 249$
$$$$	de 250$ à 350$
$$$$$	plus de 350$

Chacun des établissements inscrits dans ce guide s'y retrouve en raison de ses qualités ou particularités, en plus de son rapport qualité/prix. Parmi ce groupe déjà sélect, certains établissements se distinguent encore plus que les autres. Nous leur avons donc attri-

San Diego pratique

bué le label Ulysse ⓤ. Repérez-les en premier!

Le centre-ville, le Gaslamp et le port
(voir carte p. 33)

500 West Hotel $-$$ [62]
500 W. Broadway, 619-234-5252 ou
866-500-7533, www.500westhotelsd.com

Le 500 West Hotel ressemble plus à une auberge de jeunesse qu'à un véritable hôtel, mais son emplacement en plein centre-ville dans un beau bâtiment historique ainsi que ses services et ses tarifs en font un établissement de choix pour les voyageurs au budget serré. On peut profiter d'une cuisine et d'une laverie communes. Les chambres sont simples, sobrement décorées et propres. Vous aurez le choix entre des dortoirs et des chambres privées pouvant accueillir de une à quatre personnes.

Best Western Plus Cabrillo Garden Inn $$-$$$ [64]
840 A St., 619-234-8477 ou 800-780-7234,
www.bestwesterncalifornia.com

Ce petit hôtel est magnifiquement situé à deux pas du centre-ville et du Balboa Park. De la terrasse aménagée sur le toit, on obtient un point de vue sur la baie ainsi que sur le pont de l'île de Coronado. Le Cabrillo Garden Inn propose des chambres spacieuses et confortables. Le stationnement (payant) de l'hôtel se révèle très pratique dans ce coin très fréquenté de la ville.

ⓤ Horton Grand Hotel $$-$$$$ [65]
311 Island Ave., 619-544-1886 ou 800-542-1886,
www.hortongrand.com

Voilà un des hôtels les plus pittoresques de la ville (voir p. 34).

1. Manchester Grand Hyatt.
2. San Diego Marriott Marquis & Marina.

L'établissement s'inspire essentiellement de la période victorienne tant dans son style que dans son décor. Il faut prendre le temps d'admirer la beauté des lieux et les détails architecturaux. L'endroit s'intègre parfaitement bien dans le quartier historique de Gaslamp, non loin du centre de congrès. Les chambres et les suites ont chacune leur cachet avec un mobilier d'inspiration victorienne, des armoires sculptées, un foyer et des draperies. Les suites ont aussi une cuisinette. Les balcons vous donneront la possibilité d'admirer la cour intérieure ou le cœur du quartier de Gaslamp.

Manchester Grand Hyatt
$$$-$$$$ [67]
One Market Place, 619-232-1234 ou
800-233-6464, www.manchestergrand.hyatt.com

Le Manchester Grand Hyatt se dresse majestueusement sur le bord de la baie, tout près du Seaport Village, du centre-ville et du quartier de Gaslamp. Orienté vers la clientèle d'affaires et de congressistes, il offre toute la panoplie de services collectifs et individuels destinés à leur faciliter la tâche. Toutes les chambres, très confortables, ont vue sur la baie. Pour prendre un verre et avoir une vue époustouflante, rendez-vous au **Top of the Hyatt** (voir p. 47), à plus de 150 m du sol.

San Diego Marriott Marquis & Marina
$$$-$$$$ [69]
333 W. Harbor Dr., 619-234-1500 ou
800-228-9290, www.marriott.com/sandt

Le Marquis, un magnifique immeuble de 25 étages avec deux ailes et un port de plaisance à l'arrière, est situé avantageusement près du centre-ville et du quartier

San Diego pratique

Omni San Diego Hotel.

de Gaslamp, du bord de mer et du Seaport Village. L'architecture de l'édifice est particulièrement intéressante. En fait, le concepteur a voulu représenter deux bateaux rentrant au port. Le résultat, saisissant, fait de l'établissement l'un des hôtels les plus beaux et les plus prestigieux de toute la baie de San Diego. L'intérieur est tout aussi spectaculaire avec son hall et ses salons, ses restaurants, ses bars, et ses salles de conférences. Les chambres, pas aussi luxueuses que l'ensemble, sont toutefois bien équipées.

Andaz San Diego $$$-$$$$$ [63]
600 F St., 619-849-1234,
www.sandiego.andaz.hyatt.com

Cet hôtel compte de nombreux points forts, notamment son magnifique toit-terrasse, avec une très jolie piscine et un espace *lounge* qui saura plaire à la clientèle et qui attire son lot d'habitués venus y siroter un verre. Installé dans un édifice historique qui semble imposer des chambres de petite taille, l'hôtel s'avère néanmoins tout à fait moderne en termes de décor, d'ambiances et de services. Dans cet endroit tout indiqué pour faire la fête, on trouve également un bar à vins près du hall.

Omni San Diego Hotel
$$$-$$$$$ [68]
675 L St., 619-231-6664, www.omnihotels.com

Installé dans un gratte-ciel luxueux et moderne avec vue sur la baie de San Diego, cet hôtel est parfaitement situé pour accéder à pied au San Diego Convention Center et au Petco Park, auquel il est relié par une petite passerelle. L'hôtel abrite des chambres spacieuses, décorées avec goût et retenue. Juchée au 21e étage, la splendide suite présidentielle Jimmy Carter a été conçue pour la visite de l'ex-président américain alors qu'il effectuait le lancer protocolaire durant un match des Padres au Petco Park en 2004. L'hôtel compte également une piscine avec vue sur la mer et le restaurant **McCormick & Schmick's Seafood Restaurant** (p. 42).

The Westin San Diego
$$$-$$$$$ [70]
400 W. Broadway, 619-239-4500 ou 888-627-9033, www.westinsandiego.com

Avec ses tours hexagonales coiffées d'auréoles lumineuses vertes, le Westin San Diego est devenu l'un des symboles architecturaux de la ville. Les chambres sont convenables et propres, bien que moins impressionnantes que l'hôtel même. Vous pourrez y admirer, selon l'orientation de votre fenêtre, le centre-ville et le Balboa Park ou la baie de San Diego. Malgré les apparences, les prix sont très compétitifs si l'on tient compte de la qualité du service, du confort de l'hôtel et de son emplacement.

W San Diego $$$-$$$$$ [71]
421 W. B St., 619-398-3100 ou 866-837-4147, www.thewsandiegohotel.com

Situé en plein cœur du centre-ville et près du centre de congrès, cet hôtel de la populaire chaîne W propose des chambres joliment décorées de bleu et de blanc rappelant l'océan. Le hall ainsi que le *lounge* mettent à profit une décoration de couleurs vives, pour une allure à la fois moderne et chaleureuse. Notez toutefois que le *rooftop*, où la piscine est installée, se trouve en fait au troisième étage et non sur le toit de l'immeuble.

Hotel Palomar San Diego
$$$$-$$$$$ [66]
1047 Fifth Ave., 619-515-3000 ou 888-288-6601, www.hotelpalomar-sandiego.com

Dynamique hôtel-boutique niché au cœur de l'un des quartiers les plus vibrants de la ville, le Palomar conviendra parfaitement aux visiteurs branchés et urbains qui cherchent à faire la fête plutôt qu'à se reposer. Les chambres bénéficient d'un haut plafond et d'un décor moderne aux accents de cuir et de couleurs chaudes. Une jolie piscine extérieure installée au quatrième étage ainsi qu'un espace *lounge* adjacent offrent une vue sur les édifices environnants. Certaines chambres, conçues à l'origine pour être vendues en copropriété, sont munies d'une cuisine bien équipée.

Coronado Island
(voir carte p. 53)

Crown City Inn & Bistro $$ [31]
520 Orange Ave., 619-435-3116 ou 800-422-1173, www.crowncityinn.com

Comme plusieurs établissements voisins situés près du centre-ville, le Crown City Inn & Bistro est un petit hôtel-motel honnête qui pro-

Hotel del Coronado.

pose des chambres propres et confortables à des prix compétitifs. Le style du bâtiment rappelle les haciendas, mais l'ensemble est moderne, avec piscine et restaurant. Des vélos sont mis à la disposition des clients.

La Avenida Inn *$$$* [35]
1315 Orange Ave., 619-435-3191 ou 800-437-0162, www.laavenidainn.com
Cet hôtel-motel, simple mais propre, est bien situé, entre la plage et le centre-ville de Coronado, et tout près du célèbre Hotel del Coronado. On y retrouve toutes les commodités qui contribuent à rendre le séjour agréable.

El Cordova Hotel *$$$-$$$$* [32]
1351 Orange Ave., 619-435-0632 ou 800-229-2032, www.elcordovahotel.com
Le El Cordova Hotel est un ancien manoir construit en 1902 qui a été converti en hôtel en 1930. Son architecture de style colonial espagnol a été préservée. Les chambres, spacieuses, ont été réaménagées. La cour intérieure, avec ses petites tables, la terrasse adjacente au restaurant et la piscine chauffée invitent à la détente. Certaines suites sont munies d'une cuisinette. À proximité de la plage et du centre-ville.

Glorietta Bay Inn *$$$-$$$$* [33]
1630 Glorietta Blvd., 619-435-3101 ou 800-283-9383, www.gloriettabayinn.com
Le Glorietta Bay Inn est un hôtel distingué établi depuis 1950. Le bâtiment était la résidence de John Spreckels, célèbre visionnaire à l'origine de l'Hotel del Coronado, qui fit construire cette magnifique maison sur un terrain de 3 ha don-

ses murs crème et ses toits de tuiles donnent le ton dès le premier coup d'œil. Le hall, avec son escalier double à balustrades de fer forgé et rampes de cuivre, son lustre et ses fauteuils capitonnés, pourrait servir de décor pour une comédie musicale hollywoodienne. La décoration des chambres, raffinée mais sans superflu, s'intègre bien aux coloris du paysage côtier. Les chambres donnent sur la mer ou sur la baie de San Diego.

1906 Lodge at Coronado Beach $$$$-$$$$$ [29]
1060 Adella Ave., 866-435-1906,
www.1906lodge.com

Il aura fallu quatre ans de travaux pour rénover, à partir de 2005, cette très belle auberge d'architecture espagnole datant de 1906. Vous y trouverez aujourd'hui de grandes chambres luxueuses dont certaines ont su conserver leur cachet historique. Un petit déjeuner gourmet est servi dans la salle à manger ensoleillée, et l'établissement offre de nombreux services pour un séjour aux petits soins, notamment une dégustation de vins et fromages en après-midi.

nant sur la baie de Glorietta. On peut y profiter du luxe et du confort que l'on retrouve dans les grands hôtels environnants avec, en plus, un cachet unique. Toutes les chambres de l'hôtel sont décorées avec goût dans le style victorien et offrent une vue sur la baie ou sur la piscine installée à l'avant. Un petit déjeuner est servi tous les matins dans la véranda ou la Music Room.

Loews Coronado Bay $$$-$$$$ [36]
4000 Coronado Bay Rd., 619-424-4000 ou 800-815-6397, www.loewshotels.com/Coronado-Bay-Resort

Situé non loin du centre-ville et des plages, tout en étant un peu à l'écart sur une péninsule privée de la baie de San Diego, l'hôtel Loews Coronado Bay est l'un des plus chics établissements hôteliers des environs. Sa façade rose,

⊘ Hotel del Coronado $$$$-$$$$$ [34]
1500 Orange Ave., 619-435-6611 ou 800-468-3533, www.hoteldel.com

Symbole de toute une île et emblème de San Diego, l'Hotel del Coronado est plus qu'un simple établissement hôtelier. Il figure parmi les hôtels les plus en vue dans le monde. Son

San Diego pratique

architecture extraordinaire, un mélange d'inspiration victorienne et de gare ferroviaire, ainsi que son histoire unique (voir p. 54) y sont sans doute pour beaucoup. Si vous désirez payer le prix et vous offrir le luxe de dormir dans un établissement historique de grande renommée, sachez que l'Hotel del Coronado, dont les chambres spacieuses ont récemment été rénovées, est un choix tout indiqué.

Beach Village at The Del $$$$$ [30]
1500 Orange Ave., 619-522-8809,
www.beachvillageatthedel.com

Construite en 2007, cette oasis balnéaire renchérit sous le signe du luxe et de l'exclusivité l'offre d'hébergement de l'Hotel del Coronado (voir ci-dessus). On y trouve des villas et des appartements luxueux comptant plusieurs pièces, notamment une cuisine, avec vue sur la mer. Les résidents du Beach Village peuvent profiter de tous les services offerts par l'hôtel, en plus d'avoir accès à des terrasses et des piscines privées et à un service de concierge et de chef cuisinier dédiés.

Old Town
(voir carte p. 65)

Best Western Plus Hacienda Hotel Old Town $$$ [18]
4041 Harney St., 619-298-4707 ou 800-888-1991, www.haciendahotel-oldtown.com

L'Hacienda Hotel arbore un style architectural des plus pittoresques,

qui se marie bien avec l'ensemble de la vieille ville. Les chambres sont de bon goût et comprennent, en plus de toutes les commodités usuelles, un balcon d'où, avec un peu de chance, vous pourrez admirer la baie (plusieurs des balcons donnent sur la cour intérieure). Bon rapport qualité/prix.

Mission Valley et Hillcrest
(voir carte p. 75)

Town and Country Resort Hotel $$-$$$ [15]
500 Hotel Circle N., 619-291-7131 ou 800-772-8527, www.towncountry.com

Ce vaste complexe hôtelier, destiné aux gens d'affaires et aux congressistes, est une véritable petite communauté en soi. Réparti dans plusieurs bâtiments, il comprend un spa, de grandes aires d'exposition, quatre restaurants et bars, des jardins, des piscines et des terrasses, bref, tout ce qu'il faut pour répondre à tous les besoins. L'ensemble se révèle esthétique et moderne. Les chambres sont, quant à elles, fort confortables, avec tous les services nécessaires et une décoration chaleureuse.

San Diego Marriott Mission Valley $$$ [14]
8757 Rio San Diego Dr., 619-692-3800 ou 800-228-9290, www.marriott.com

Cet hôtel offre l'ensemble des installations et services propres à la chaîne Marriott. Comptant 17 étages, 345 chambres et cinq suites, il est particulièrement axé

Beach Village at The Del.

sur la clientèle d'affaires, comme en témoignent ses nombreuses salles de conférences. On y trouve un restaurant et un bar, une piscine, un spa, un bain à remous, une salle d'exercices et des courts de tennis.

Balboa Park
(voir carte p. 81)

Inn at the Park *$$-$$$* [30]
525 Spruce St., 619-291-0999 ou 877-499-7163, www.shellhospitality.com

Ce bel hôtel construit en 1926, et classé monument historique par la Ville de San Diego, est une option des plus intéressantes. Toutes les chambres, confortables et élégantes, renferment du mobilier antique leur donnant un cachet particulier, et sont aménagées en studios ou en appartements avec cuisine. Depuis les fenêtres, on

peut apercevoir le Balboa Park ou le centre-ville de San Diego. Compte tenu du cachet, de la qualité de l'ensemble et du côté pratique, le prix est des plus raisonnables.

Point Loma
(voir carte p. 93)

Ocean Villa Inn *$$* [10]
5142 W. Point Loma Blvd., 619-224-3481 ou 800-759-0012, www.oceanvillainn.com

L'Ocean Villa Inn est une excellente option pour les petits portefeuilles et les familles. Situé en bordure de mer, l'établissement n'offre pas le grand luxe des chaînes hôtelières environnantes, mais plusieurs chambres sont équipées d'un climatiseur (sauf celles donnant sur l'océan, car on prétend que la brise suffit à les rafraîchir), d'une cuisinette et d'une

San Diego pratique

1. Catamaran Resort Hotel and Spa.

2. The Grande Colonial.

douche. L'endroit est populaire pour les forfaits à la semaine.

The Pearl Hotel *$$$* [11]
1410 Rosecrans Blvd., 619-226-6100 ou 877-732-7573, www.thepearlsd.com

Ce petit hôtel de 23 chambres a su tirer profit de l'architecture typique des motels des années 1950. Rénové de fond en comble, il charme par son décor rétro aux accents maritimes et par sa nouvelle vocation d'hôtel-boutique. L'atmosphère est détendue, le personnel est amical, et l'endroit convient parfaitement aux vacanciers à la recherche d'une expérience festive. Dans le resto-bar adjacent au hall (voir **The Pearl**, p. 96), une grande porte en verre, ouverte en permanence, donne accès aux tables installées aux alentours de la piscine, qui trône au centre du bâtiment de deux étages.

Mission Bay Park, Mission Beach et Pacific Beach
(voir carte p. 99)

Catamaran Resort Hotel and Spa *$$$* [14]
3999 Mission Blvd., 858-488-1081 ou 800-422-8386, www.catamaranresort.com

Établi aux limites de Mission Beach et de Pacific Beach, ce centre de villégiature a tout du petit *resort* en termes de services et de confort. Le thème «tiki» qui prévaut s'illustre dès l'arrivée par une chute tropicale installée dans le hall. L'endroit convient parfaitement aux vacances en famille et aux fins de semaine entre amis. Les chambres spacieuses, aménagées dans des bâtiments à deux étages, sont décorées de manière classique. Une tour de 14 étages, érigée au centre du complexe, offre des chambres

avec cuisinette et vue sur la baie. Les allées garnies de palmiers et de plantes tropicales qui sillonnent le domaine mènent à une plage privée avec chaises longues, parasols et activités nautiques (en supplément), à une grande piscine équipée d'un bain à remous et à un refuge d'oiseaux exotiques. L'édifice principal abrite un spa luxueux, une salle d'exercices et le restaurant de l'hôtel, Attol, reconnu pour son brunch dominical.

La Jolla
(voir carte p. 105)

Hilton La Jolla Torrey Pines
$$-$$$ [29]
10950 N. Torrey Pines Rd., 858-558-1500,
www.hiltonlajollatorreypines.com
Profitant d'un magnifique emplacement, avec vue sur le très prestigieux **Torrey Pines Golf Course** (voir p. 108), cet hôtel a récemment subi de grands travaux de rénovation. Les chambres abritent dorénavant un beau mélange de meubles en bois qui s'allie subtilement à une décoration moderne. Une grande piscine méditerranéenne trône au centre du jardin. Excellent rapport qualité/prix.

The Grande Colonial
$$$-$$$$$ [30]
910 Prospect Ave., 888-828-5498,
www.thegrandecolonial.com
Le Grande Colonial, c'est le charme des grands hôtels historiques savamment revisité au goût du jour. Fondé en 1913, il abrite aujourd'hui des chambres rénovées offrant tous les services modernes (dont l'accès Wi-Fi gratuit). L'hôtel conserve néanmoins son charme européen

San Diego pratique

San Diego pratique

de l'époque avec ses hauts plafonds, ses moulures et sa généreuse fenestration. L'édifice principal compte 75 chambres, réparties sur cinq étages, dont plusieurs avec vue sur l'océan. Des bâtiments situés à proximité ont été acquis au fil des ans pour doubler l'offre hôtelière, notamment en ce qui a trait aux suites. On y trouve également une piscine toute ronde, un magnifique salon et un restaurant réputé, le **Nine-Ten** (voir p. 109).

The Lodge at Torrey Pines
$$$$$ [31]
11480 N. Torrey Pines Rd., 858-453-4420,
www.lodgetorreypines.com
Juché sur les falaises en surplomb sur l'océan et bordé d'un magnifique terrain de golf de réputation internationale, The Lodge at Torrey Pines est un hôtel chic et

rustique qui offre néanmoins une bonne dose de modernité puisqu'il a été construit de toutes pièces en 2002, remportant au passage de nombreux prix d'architecture. Les chambres et les suites sont vastes, et le service aux petits soins. On y trouve un spa luxueux (p.) et une piscine extérieure. À discuter avec le concierge dès votre arrivée : résider à The Lodge vous permet d'obtenir une heure de départ privilégiée au fort populaire **Torrey Pines Golf Course** (voir p. 108).

Autour de San Diego
(voir carte p. 115)

The Grand Del Mar *$$$$$* [8]
5300 Grand Del Mar Court, Carmel Valley,
866-305-1528, www.thegranddelmar.com
The Grand Del Mar est un complexe hôtelier ultraluxueux dont

1. The Lodge at Torrey Pines.
2. Metropolitan Transit System (MTS).

l'architecture méditerranéenne impressionne par sa prestance, si bien qu'il est considéré comme l'un des plus chics hôtels de tous les États-Unis. Le bâtiment principal compte un restaurant, un bar, un spa somptueux, des salles de réunion et même une chapelle. On y offre une foule d'activités, dont le golf sur un terrain privé conçu par l'expert Tom Fazio. Les chambres, ornées de riches draperies, offrent le plus grand luxe pour un séjour aux petits soins.

⬂ Les déplacements

En voiture

La voiture est un bon moyen de transport pour se déplacer à San Diego, car il est relativement facile de s'y repérer et la circulation n'est pas trop dense, au contraire des villes de Los Angeles ou San Francisco, bien qu'elle puisse l'être à certains endroits comme les grandes artères aux heures de pointe.

En transports en commun

Le **Metropolitan Transit System (MTS)** *(619-233-3004 ou 511 depuis San Diego, www.sdmts.com)* est un réseau de transport en commun d'autobus et de trolleys qui dessert le centre-ville de San Diego et ses environs. Les tarifs varient en fonction des trajets, les chauffeurs ne rendent pas la monnaie, et les billets ne sont valables que pour un trajet, sans correspondance. Il est donc souvent avantageux

San Diego pratique

d'opter pour les laissez-passer *Day Pass*, qui permettent de voyager sur toutes les lignes sans restriction pendant un ou plusieurs jours *(5$/1 jour, 9$/2 jours, 12$/3 jours et 15$/4 jours)*.

Le **Coaster Train** *(760-966-6500, www.gonctd.com)* est la solution idéale pour visiter les communautés situées sur la côte de San Diego en se dirigeant vers le nord. Le prix du billet inclut les correspondances pour les autobus et trolleys de San Diego. Le *Coaster Train* fonctionne tous les jours et part du **Santa Fe Depot** *(1050 Kettner Blvd.)* dans le centre-ville et passe par Old Town, Sorrento Valley, Solona Beach, Encinatas, Carlsbad et Oceanside.

En traversier

Pour accéder à Coronado Island, on peut prendre le **Coronado Ferry** *(4,25$; 619-234-4111 ou 800-442-7847, www.sdhe.com)*, qui part plusieurs fois par jour de San Diego. Départs de San Diego au Broadway Pier *(990 N. Harbor Dr.)* et au Convention Center *(600 Convention Way)*, et arrivées à Coronado Island au Coronado Ferry Landing *(1201 First St.)*. Les bicyclettes (sans frais supplémentaires) sont bienvenues sur le bateau.

En taxi

San Diego Cab: 619-226-8294 ou 800-368-2947, www.sandiegotaxicab.com

Yellow Cab: 619-444-4444, www.driveu.com

À pied

La plupart des quartiers de San Diego se visitent très bien à pied. Les rues sont souvent larges, bordées d'arbres et très propres.

Bon à savoir

Ambassades et consulats étrangers aux États-Unis

Belgique

Ambassade: 3330 Garfield St. NW, Washington, DC 20008, 202-333-6900, www.diplobel.us

Consulat: 6100 Wilshire Blvd., Suite 1200, Los Angeles, CA 90048, 323-857-1244, www.diplomatie.be/losangelesfr

Canada

Ambassade: 501 Pennsylvania Ave. NW, Washington, DC 20001, 202-682-1740, www.canadianembassy.org

Consulat: 550 S. Hope St., 9e étage, Los Angeles, CA 90071, 213-346-2700, www.canadainternational.gc.ca/los_angeles

France

Ambassade: 4101 Reservoir Rd. NW, Washington, DC 20007, 202-944-6000, www.ambafrance-us.org

Consulat: 960 Turquoise St., San Diego, CA 92109, 619-333-6511, www.consulfrance-sandiego.org

Coronado Ferry Landing.

Suisse

Ambassade: 2900 Cathedral Ave. NW, Washington, DC 20008, 202-745-7900, www.swissemb.org

Consulat: 11766 Wilshire Blvd., Suite 1400, Los Angeles, CA 90025, 310-575-1145, www.eda.admin.ch/losangeles

Argent et services financiers

Monnaie

L'unité monétaire des États-Unis est le dollar américain ($US), divisé en 100 cents. Il existe des billets de banque de 1, 5, 10, 20, 50 et 100 dollars, ainsi que des pièces de 1 (*penny*), 5 (*nickel*), 10 (*dime*) et 25 (*quarter*) cents. Il y a aussi les pièces d'un demi-dollar et d'un dollar ainsi que le billet de deux dollars, mais ils sont très rarement utilisés.

Il est à noter que tous les prix mentionnés dans le présent ouvrage sont en dollars américains.

Banques

Les banques sont généralement ouvertes du lundi au vendredi, de 9h à 15h. Le meilleur moyen pour retirer de l'argent à San Diego consiste à utiliser sa carte bancaire (carte de guichet automatique). Attention, votre banque vous facturera des frais fixes (par exemple 5$CA), et il vaut mieux éviter de retirer de petites sommes.

Change

La plupart des banques changent facilement les devises européennes et canadiennes, mais presque toutes demandent des **frais de**

San Diego pratique

Dick's Last Resort.

change. En outre, vous pouvez vous adresser à des bureaux ou comptoirs de change qui, en général, n'exigent aucune commission. Ces bureaux ont souvent des heures d'ouverture plus longues.

Taux de change

1$US	=	1,11$CA
1$US	=	0,72€
1$US	=	0,87FS
1$CA	=	0,89$US
1€	=	1,39$US
1FS	=	1,14$US

N.B. Les taux de change peuvent fluctuer en tout temps.

Bars et boîtes de nuit

Après le coucher du soleil, ce n'est pas l'animation qui manque à San Diego. La scène artistique est plutôt bien implantée, et de nombreux spectacles en salles ou dans les boîtes de nuit y sont présentés. Cependant, ce sont les rencontres dans les pubs et les restos-bars qui ont particulièrement la cote auprès des résidents. Le soir, vous verrez certains quartiers comme le Gaslamp ou encore la petite ville de La Jolla être envahis par une foule bigarrée bien décidée à se détendre autour d'un bon verre.

Le dernier service pour l'alcool est à 2h. Les bars qui présentent des spectacles demandent habituellement un prix d'entrée, lequel peut varier selon le jour de la semaine

San Diego pratique

Moyennes des températures et des précipitations

	Maximum (°C)	Minimum (°C)	Précipitations (mm)
Janvier	19	9	46
Février	19	10	39
Mars	19	12	45
Avril	20	13	20
Mai	21	15	5
Juin	22	17	2
Juillet	25	19	1
Août	25	20	3
Septembre	25	19	6
Octobre	24	16	9
Novembre	21	12	37
Décembre	19	9	40

et est souvent plus élevé la fin de semaine. L'âge légal pour acheter et consommer de l'alcool est de 21 ans.

Climat

Le climat à San Diego est particulièrement agréable, et ce, toute l'année. La température ne varie pas beaucoup d'un mois à l'autre. Les averses de pluie se produisent généralement entre novembre et mars. Toutefois, près de la côte et dans les montagnes environnantes, vous aurez besoin de vêtements un peu plus chauds que ceux que vous porterez dans le désert. Les soirées sont généralement fraîches.

Quoi apporter

À San Diego, le style vestimentaire est beaucoup plus décontracté qu'en Europe notamment. Seuls les restaurants et bars chics peuvent exiger le port de la cravate et du veston. De novembre à mars, prévoyez des vêtements de pluie. En toute saison, munissez-vous de t-shirts, de chemises et de pantalons ainsi que de lunettes de soleil. Toutefois, n'oubliez pas votre veste ou tricot car, même en été, la température se rafraîchit la nuit.

Décalage horaire

Lorsqu'il est midi à Montréal, il est 9h à San Diego. Le décalage horaire pour la France, la Belgique ou la

San Diego pratique

Suisse est de neuf heures. Attention cependant aux changements d'heure, qui ne se font pas aux mêmes dates qu'en Europe : aux États-Unis et au Canada, l'heure d'hiver entre en vigueur le premier dimanche de novembre (on recule d'une heure) et prend fin le deuxième dimanche de mars (on avance d'une heure).

Électricité

Partout aux États-Unis et en Amérique du Nord, la tension électrique est de 110 volts et de 60 cycles (Europe : 50 cycles); aussi, pour utiliser des appareils électriques européens, devrez-vous vous munir d'un convertisseur de courant adéquat, à moins que le chargeur de votre appareil n'indique 110-240V.

Les fiches d'électricité sont plates, et vous pourrez trouver des adaptateurs sur place ou, avant de partir, vous en procurer dans une boutique d'accessoires de voyage ou dans une librairie de voyage.

Heures d'ouverture

Les commerces sont généralement ouverts du lundi au mercredi de 9h30 à 17h30 (parfois jusqu'à 18h), le jeudi et le vendredi de 10h à 21h, et le dimanche de midi à 17h. Les supermarchés ferment en revanche plus tard ou restent même, dans certains cas, ouverts 24 heures sur 24, sept jours par semaine. Les bureaux de poste sont ouverts du lundi au vendredi de 8h à 17h30 (parfois jusqu'à 18h) et le samedi de 8h à midi.

Jours fériés

Voici la liste des jours fériés aux États-Unis. Notez que la plupart des magasins, services administratifs et banques sont fermés pendant ces jours.

New Year's Day (jour de l'An)
1er janvier

Martin Luther King Day (anniversaire de Martin Luther King Jr.)
troisième lundi de janvier

President's Day (anniversaire de George Washington et d'Abraham Lincoln)
troisième lundi de février

Memorial Day (jour du souvenir)
dernier lundi de mai

Independence Day (fête nationale)
4 juillet

Labor Day (fête du Travail)
premier lundi de septembre

Columbus Day (jour de Colomb)
deuxième lundi d'octobre

Veterans Day (jour des Vétérans et de l'Armistice)
11 novembre

Thanksgiving Day (action de Grâce)
quatrième jeudi de novembre

Christmas Day (Noël)
25 décembre

Noël dans Old Town.

Poste

Les bureaux de poste sont généralement ouverts du lundi au vendredi de 8h à 17h30 (parfois jusqu'à 18h) et le samedi de 8h à midi (parfois jusqu'à 16h). Demandez à la réception de votre hôtel l'adresse du bureau de poste le plus près.

Pourboire

Le pourboire s'applique à tous les services rendus à table, c'est-à-dire dans les restaurants ou autres endroits où l'on vous sert à table (la restauration rapide n'entre donc pas dans cette catégorie). Il est aussi de rigueur dans les bars, les boîtes de nuit et les taxis.

Selon la qualité du service rendu, il faut compter environ 15% de pourboire sur le montant avant les taxes. Il n'est pas, comme en Europe, inclus dans l'addition, et le client doit le calculer lui-même et le remettre à la serveuse ou au serveur; service et pourboire sont une même et seule chose en Amérique du Nord. Les porteurs dans les aéroports et les chasseurs dans les hôtels reçoivent généralement 1$ par valise. Les femmes de chambre, quant à elles, s'attendent à recevoir 1$ ou 2$ par personne par jour. Ne pas donner de pourboire est très, très mal vu!

Presse écrite

Le grand quotidien de San Diego est le *U-T San Diego* (www.utsandiego.com). La plupart des hôtels le distribuent gratuitement. Dans l'édition du vendredi, vous y trouverez tous les événements,

San Diego pratique

San Diego pratique

Arrivederci Ristorante.

spectacles et concerts à venir au cours du week-end.

Si vous voulez tout savoir sur ce qui se passe sur la scène culturelle et artistique, vous pouvez consulter l'hebdomadaire **San Diego Reader** (www.sandiegoreader.com), que vous trouverez dans nombre de commerces du centre-ville et des environs. Pour la scène gay et lesbienne, le **San Diego Gay and Lesbian Times** (www.gaylesbiantimes.com) vous informera sur toutes les activités et les événements qui se produisent dans les bars gays de la ville.

Renseignements touristiques

San Diego Convention & Visitors Bureau: 2215 India St., San Diego, 619-232-3101, www.sandiego.org

International Visitor Information Center: 1040 1/3 W. Broadway, angle Harbor Dr., 619-236-1212, www.sandiego.org

Coronado Visitor Center: 1100 Orange Ave., Coronado, 619-437-8788 ou 866-599-7242, www.coronadovisitorcenter.com

La Jolla Visitor Center: 1162 Prospect St., 858-454-5718, www.lajollabythesea.com

Restaurants

Plusieurs facteurs ont contribué à la richesse de la gastronomie californienne et, par le fait même, de San Diego. Tout d'abord, la diversité géographique et climatique a permis et permet encore aujourd'hui de puiser une gamme incomparable de denrées grâce, entre autres, à la proximité de l'océan, des forêts denses, des terres fertiles, des déserts et des montagnes.

Puis l'histoire du pays a influencé également beaucoup les pratiques culinaires. Les premiers habitants, les Amérindiens, ont vu leurs habitudes alimentaires être chamboulées par l'arrivée du colonisateur espagnol. Par la suite, la Ruée vers l'or a attiré des immigrants des quatre coins du monde, et cette diversité perdure encore aujourd'hui. Pas étonnant qu'autant de traditions culinaires s'y côtoient. Les communautés chinoises, vietnamiennes, italiennes, françaises, mexicaines et japonaises ne sont que quelques-unes de celles qui ont participé au développement gastronomique de ce coin du monde.

Les Américains parlent du *breakfast* pour désigner le repas du matin, du *lunch* pour le repas de midi et du *dinner* pour le repas du soir. Le *brunch*, qui combine *breakfast* et *lunch*, est généralement servi les samedis et dimanches entre 10h et 14h.

Dans le chapitre «Explorer San Diego», vous trouverez la description de plusieurs établissements pour chaque secteur couvert par ce guide. Sachez qu'il est essentiel, dans les meilleurs restaurants, de réserver sa table en téléphonant plusieurs heures, jours, voire semaines à l'avance.

L'échelle utilisée dans ce guide donne des indications de prix pour un repas complet pour une personne, avant les boissons, les taxes

(voir p. 144) et le pourboire (voir p. 141).

$	moins de 15$
$$	de 15$ à 25$
$$$	de 26$ à 40$
$$$$	plus de 40$

Parmi les restaurants proposés dans ce guide, certains se distinguent encore plus que les autres. Nous leur avons donc attribué le label Ulysse ☺. Repérez-les en premier!

Santé

Pour les personnes en provenance d'Europe, du Québec et d'ailleurs au Canada, aucun vaccin n'est nécessaire pour entrer aux États-Unis. D'autre part, il est vivement recommandé, en raison du prix élevé des soins, de souscrire une bonne assurance maladie-accident. Emportez vos médicaments, surtout ceux qui exigent une ordonnance. Sauf indication contraire, l'eau est potable partout en Californie.

Sécurité

San Diego n'est pas une ville dangereuse, mais il est toutefois préférable de s'enquérir, dès son arrivée, des quartiers qu'il vaut mieux s'abstenir de visiter à n'importe quelle heure du jour et de la nuit. En prenant les précautions courantes, il n'y a pas lieu d'être inquiet outre mesure pour sa sécurité. Il demeure toujours prudent d'éviter de vous

San Diego pratique

balader le soir dans les parcs ou les rues mal éclairées.

Et enfin, sachez que, dans le monde, la plus grande cause d'accidents impliquant des touristes demeure la route... Dans le merveilleux monde de la Californie, où les voitures règnent en maître, il est particulièrement important d'être prudent sur les routes.

Sport professionnel

Baseball

Petco Park
100 Park Blvd., 619-795-5005,
www.petcoparkevents.com

Les amateurs de baseball ne voudront pas manquer un match des **San Diego Padres** *(www. sandiego.padres.mlb.com)*, surtout depuis qu'ils jouent dans leur splendide stade du centre-ville, le Petco Park, inauguré en 2004.

Football

Qualcomm Stadium
9449 Friars Rd., 619-641-3100,
www.sandiego.gov/qualcomm

Pour du football américain professionnel, il faut aller voir les **San Diego Chargers** *(www.chargers. com)* au Qualcomm Stadium, d'août à décembre.

Taxes

Une taxe totale (celle de la Ville et celle de l'État) de 10,5% est en vigueur sur le prix de l'hébergement,

alors que la taxe qui s'applique aux produits et services est de 8%.

Télécommunications

Malgré la prédominance des téléphones cellulaires, on trouve encore aisément des cabines téléphoniques fonctionnant à l'aide de pièces de monnaie (0,50$) ou de cartes d'appel.

L'indicatif régional de la ville de San Diego est le **619**. Le long de la côte au nord de San Diego à partir de Mission Beach, l'indicatif est le **858**, tandis que les localités plus au nord utilisent les indicatifs **760** et **442**.

Tout au long du présent ouvrage, vous apercevrez aussi des numéros de téléphone dont le préfixe est 800, 855, 866, 877 ou 888. Il s'agit alors de numéros sans frais, en général accessibles depuis tous les coins de l'Amérique du Nord.

Sachez que le numéro complet de 10 chiffres doit être composé dans tous les cas, même pour les appels locaux à l'intérieur de la grande région de San Diego.

Pour joindre le **Québec** depuis San Diego, vous devez composer le *1*, l'indicatif régional de votre correspondant et finalement son numéro. Pour atteindre la **Belgique**, faites le *011-32* puis l'indicatif régional et le numéro de votre correspondant. Pour appeler en **France**, faites le *011-33* puis le numéro à 10 chiffres de votre correspondant en omet-

Petco Park.

tant le premier zéro. Pour joindre la **Suisse**, faites le *011-41* puis l'indicatif régional et le numéro de votre correspondant.

Vie gay

Bien qu'on ne retrouve pas à San Diego une communauté aussi visible qu'à San Francisco ou Los Angeles, il y a ici une communauté gay bien installée et dynamique.

Les touristes gays et lesbiennes voudront aller visiter le quartier de Hillcrest, près du Balboa Park. L'endroit est animé, et l'on y retrouve plusieurs commerces stylisés appartenant à des membres de la communauté gay de San Diego. De nombreux restaurants et bars accueillent allégrement une clientèle gay autant qu'hétérosexuelle.

Visites guidées

Old Town Trolley Tour
888-910-8687, www.trolleytours.com/san-diego
Old Town Trolley Tour (voir aussi p. 63) propose des visites guidées de la ville à bord d'un vieux trolley *(36$)*. C'est un service continu où l'on peut monter et descendre en différents points de la ville, comme Old Town, le Balboa Park et Coronado Island. L'entreprise fait aussi des visites thématiques.

Hornblower Cruises and Events
1066 N. Harbor Dr., 619-686-8715, www.hornblower.com
Cette entreprise organise des croisières d'une *(23$)* ou deux heures *(28$)* et offre de nombreux départs quotidiens au port de San Diego. Les bateaux de Hornblower mettent dans l'ambiance les pas-

San Diego pratique

sagers dès la montée à bord avec leur musique exotique des Îles. Le tour commenté présente de l'information pertinente sur l'importante flotte de navires militaires installée dans la baie ainsi que sur les différents attraits de la région de San Diego. L'entreprise propose également des excursions thématiques de 3h avec repas.

Out of the Ordinary Group & Team Adventures

858-487-3418, www.groupadventures.com

Out of the Ordinary offre divers forfaits aventure comme des sorties en 4x4 dans le désert ou à vélo de montagne et plusieurs autres activités.

Dennis Conner's America's Cup Experience

800-644-3454, www.nextlevelsailing.com

Si vous avez toujours voulu naviguer à bord de superbes voiliers qui ont pris part à la Coupe de l'America, tel le célèbre *Stars and Stripes*, sachez que Dennis Conner's America's Cup Experience peut concrétiser votre rêve. Les croisières d'environ 2h30 *(99$)* permettent de découvrir la baie et même de pique-niquer en observant les baleines de passage.

San Diego Scenic Tours

858-273-8687, www.sandiegoscenictours.com

Cette entreprise propose plusieurs tours en autocar *(à compter de 38$)* pour visiter la ville et ses environs.

VIP Pedicab

1434 Island Ave., 619-228-3632, www.vippedicab.com

Voyager en vélo-taxi est une façon originale et agréable de se familiariser avec la ville. L'entreprise VIP Pedicab fait une sortie guidée à vélo à trois places. Vous pouvez aussi utiliser leurs services comme simple solution de rechange au taxi.

Visiteurs à mobilité réduite

San Diego s'efforce de rendre de plus en plus de lieux accessibles aux handicapés. D'ailleurs, la plupart des attraits touristiques sont accessibles aux personnes à mobilité réduite.

Accessible San Diego

P.O. Box 124526, San Diego, CA 92112-4526, 619-325-7550, http://access-sandiego.org)

Accessible San Diego est une organisation sans but lucratif dont la mission est de promouvoir l'accès aux personnes à mobilité réduite et d'informer les gens sur les endroits accessibles aux handicapés à San Diego.

Society for Accessible Travel and Hospitality (SATH)

347 Fifth Ave., Suite 605, New York, NY 10016, 212-447-7284, www.sath.org

L'organisme américain Society for Accessible Travel and Hospitality (SATH) est également en mesure de fournir des renseignements utiles aux voyageurs handicapés.

↘

Calendrier des événements

Observation des baleines.

Décembre à mars

Observation des baleines

Migration annuelle des baleines grises le long de la côte de San Diego. Pour bien profiter du spectacle, rendez-vous au **Whale Overlook** (voir p. 94).

Janvier

San Diego Boat Show

www.bigbayboatshow.com

Le San Diego Boat Show a lieu tous les ans au début de janvier et attire de nombreux passionnés de navigation à la Sunroad Resort Marina de Harbor Island.

Février

KuumbaFest San Diego

www.kuumbafest.com

Célébration de l'héritage culturel des Afro-Américains avec plusieurs spectacles de variétés, concerts et récitals de poésie au **San Diego Repertory Theatre** *(79 Horton Plaza, http://sdrep.org)*.

Février ou mars

Mardi Gras

http://sdmardigras.com

Le Mardi Gras est à l'honneur dans le quartier de Gaslamp. Pour célébrer le *Fat Tuesday*, comme il est appelé ici, des défilés et concerts animent ce joli coin de la ville.

Mars

Saint Patrick's Day

www.stpatsparade.org

La Saint Patrick compte parmi les événements les plus fêtés aux États-Unis, et San Diego n'est pas en reste. Défilé et grandes festivités, essentiellement dans les bars irlandais et dans le quartier de Gaslamp. Profusion de vert à l'horizon.

San Diego pratique

1. Imperial Beach Sun & Sea Festival.
2. Comic-Con International: San Diego.

San Diego pratique

Avril

Coronado Flower Show
www.coronadoflowershow.com

Une des plus importantes expositions de fleurs de l'État de Californie.

Mai

Cinco de Mayo
www.cincodemayooldtown.com

Le Cinco de Mayo, si cher aux Mexicains, est célébré en grande pompe dans Old Town avec musique, cuisine et ambiance festive pour toute la famille.

Nations of San Diego International Dance Festival
www.nationsdancefestival.com

Plus de 200 danseurs professionnels d'une trentaine de pays se produisent en spectacle pendant ce festival.

Juin

Imperial Beach Sun & Sea Festival
dernier dimanche de juin

Ce festival fait le bonheur des enfants avec ses activités artistiques, ses spectacles de cirque, son concours de châteaux de sable et ses prestations musicales.

Juillet

Comic-Con International: San Diego
www.comic-con.org

Congrès par excellence dans l'univers de la bande dessinée et de la culture populaire, le Comic-Con International: San Diego a fortement gagné en popularité au cours des dernières années, bien que son origine date des années 1970.

Les amateurs de super-héros et de vedettes hollywoodiennes se donnent rendez-vous au **San Diego Convention Center** (voir p. 29) pour prendre part aux festivités ou mousser leurs propres projets.

San Diego LGBT Pride Parade

www.sdpride.org/parade.htm

Fin de semaine d'activités pour la communauté gay se déroulant essentiellement dans Hillcrest et le Balboa Park.

Août

Annual World Bodysurfing Championships

www.worldbodysurfing.org

Compétition internationale de *bodysurfing* (surf sans planche)

ayant lieu aux abords du quai d'Oceanside.

Novembre

San Diego Bay Wine & Food Festival

www.sandiegowineclassic.com

Les amateurs de bonne chère de San Diego attendent tous les ans avec impatience le retour à la mi-novembre du San Diego Bay Wine & Food Festival, alors que le centre-ville est littéralement pris d'assaut par une multitude de démonstrations culinaires, cours de cuisine, dégustations et autres occasions de se régaler.

San Diego pratique

index

lexique
français-anglais ↘

Bonjour	*Hello*	S'il vous plaît	*Please*
Bonsoir	*Good evening/night*	Merci	*Thank you*
Bonjour, au revoir	*Goodbye*	De rien, bienvenue	*You're welcome*
Comment ça va?	*How are you?*	Excusez-moi	*Excuse me*
Ça va bien	*I'm fine*	J'ai besoin de...*	*I need...*
Oui	*Yes*	Je voudrais...	*I would like...*
Non	*No*	C'est combien?	*How much is this?*
Peut-être	*Maybe*	L'addition, s'il vous plaît	*The bill please*

Déplacements

aéroport	*airport*	gare	*train station*
à l'heure	*on time*	horaire	*schedule*
aller-retour	*return ticket, return trip*	immeuble	*building*
aller simple	*one way ticket, one way trip*	nord	*north*
annulé	*cancelled*	ouest	*west*
arrêt d'autobus	*bus stop*	place	*square*
arrivée	*arrival*	pont	*bridge*
autobus	*bus*	quartier	*neighbourhood*
autoroute	*highway*	rapide	*fast*
avenue	*avenue*	en retard	*late*
avion	*plane*	retour	*return*
bagages	*baggages*	route, chemin	*road*
bateau	*boat*	rue	*street*
bicyclette	*bicycle*	sécuritaire	*safe*
bureau de tourisme	*tourist office*	sud	*south*
coin	*corner*	train	*train*
départ	*departure*	vélo	*bicycle*
est	*east*	voiture	*car*

Directions

Où est le/la...?	*Where is...?*	entre	*between*
Il n'y a pas de...	*There is no...,*	ici	*here*
Nous n'avons pas de...	*We have no...*	là, là-bas	*there, over there*
à côté de	*beside*	loin de	*far from*
à l'extérieur	*outside*	près de	*near*
à l'intérieur	*in, into, inside*	sur la droite	*to the right*
derrière	*behind*	sur la gauche	*to the left*
devant	*in front of*	tout droit	*straight ahead*

L'hébergement

ascenseur	*elevator*	hébergement	*dwelling*
auberge	*inn*	lit	*bed*
auberge de jeunesse	*youth hostel*	logement	*accommodation*
basse saison	*off season*	petit déjeuner	*breakfast*
chambre	*bedroom*	piscine	*pool*
climatisation	*air conditioning*	rez-de-chaussée	*main floor*
étage	*floor (first, second...)*	salle de bain	*bathroom*
gérant	*manager, owner*	toilettes	*restroom*
gîte touristique	*bed and breakfast*	ventilateur	*fan*
haute saison	*high season*		

Le temps

après-midi	*afternoon*	mai	*May*
aujourd'hui	*today*	juin	*June*
demain	*tomorrow*	juillet	*July*
heure	*hour*	août	*August*
hier	*yesterday*	septembre	*September*
jamais	*never*	octobre	*October*
jour	*day*	novembre	*November*
maintenant	*now*	décembre	*December*
matin	*morning*	nuit	*night*
minute	*minute*	Quand?	*When?*
mois	*month*	Quelle heure est-il?	*What time is it?*
janvier	*January*	semaine	*week*
février	*February*	dimanche	*Sunday*
mars	*March*	lundi	*Monday*
avril	*April*	mardi	*Tuesday*

mercredi	*Wednesday*	samedi	*Saturday*
jeudi	*Thursday*	soir	*evening*
vendredi	*Friday*		

Au restaurant

banquette	*booth*	café	*coffee*
chaise	*chair*	dessert	*dessert*
cuisine	*kitchen*	entrée	*appetizer*
salle à manger	*dining room*	plat	*dish*
table	*table*	plat principal	*main dish/entree*
terrasse	*patio*	plats végétariens	*vegetarian dishes*
toilettes	*washroom*	soupe	*soup*
		vin	*wine*
petit déjeuner	*breakfast*		
déjeuner	*lunch*	saignant	*rare*
dîner	*dinner/supper*	à point (médium)	*medium*
		bien cuit	*well done*

Achats

appareils électroniques	*electronic equipment*	équipement photographique	*photography equipment*
artisanat	*handicrafts*	journaux	*newspapers*
boutique	*store/boutique*	librairie	*bookstore*
cadeau	*gift*	marché	*market*
carte	*map*	pharmacie	*pharmacy*
carte postale	*postcard*	supermarché	*supermarket*
centre commercial	*shopping mall*	timbres	*stamps*
chaussures	*shoes*	vêtements	*clothing*
coiffeur	*hairdresser/barber*		
équipement informatique	*computer equipment*		

Pour mieux échanger avec les habitants de
San Diego, procurez-vous le guide de conversation
L'anglais pour mieux voyager en Amérique.

Crédits photographiques

Poursuivez votre exploration avec le **guide Ulysse**
Sud-Ouest américain.